Kaja Stührenberg

Tölt richtig reiten

Die Gangarten

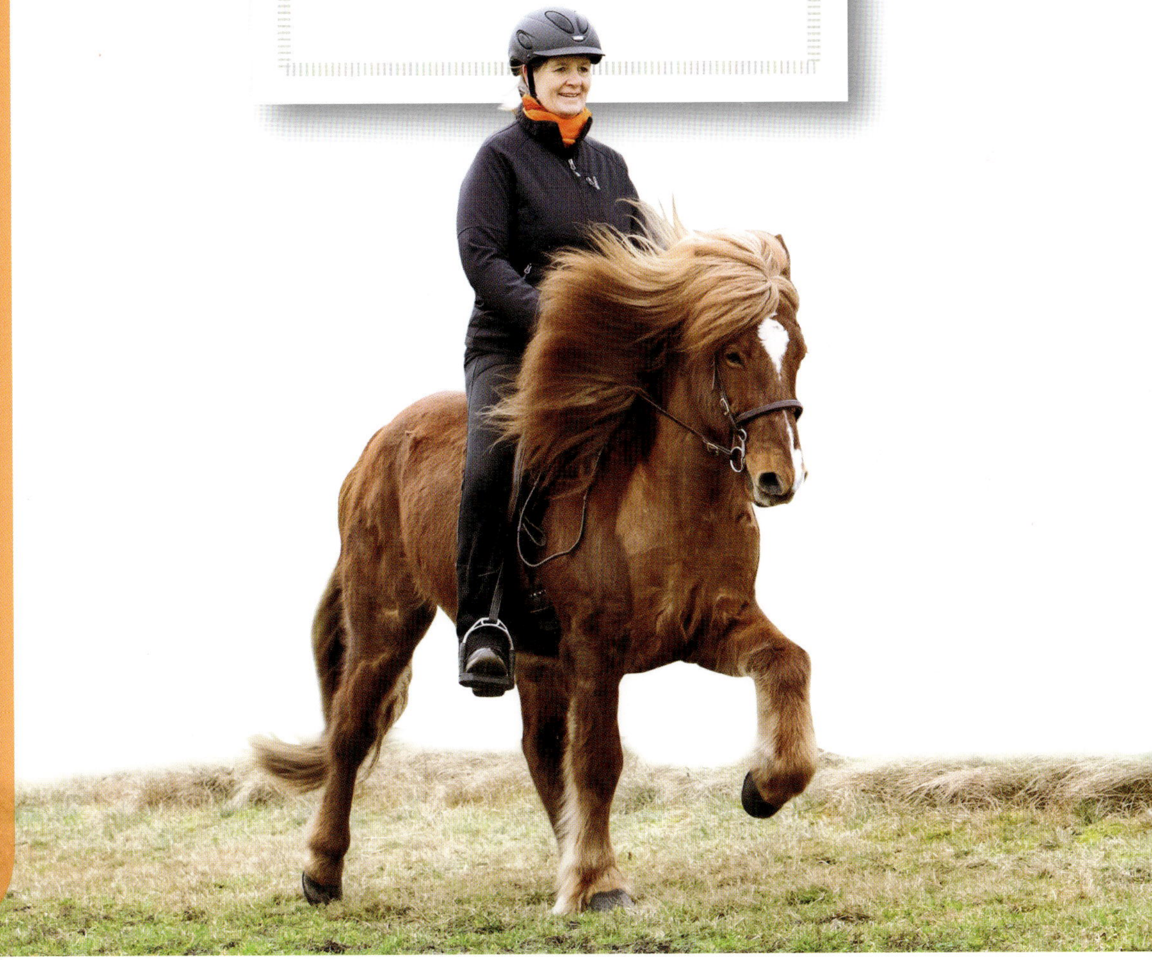

IMPRESSUM

Einbandgestaltung: R2 I Ravenstein, Verden

Titelfoto: Karen Diehn

Bildnachweis:
Sebastian Buttkus: S. 83 li.
Karen Diehn: S. 3, 6, 8, 11, 12, 19, 20, 27, 33, 35, 41 re., 42, 44, 45, 47 o., 49, 59, 66 u., 69, 74, 78, 83, 86, 87, 88
Christine Griebel: S. 89
Maraike Hohls: S. 43
Ulrich Neddens: S. 38, 61
privat: S. 36, 66 o.
Thorsten Ruthof: S. 4, 13, 15, 18, 22, 23, 25, 28, 30, 31 li., 32, 37, 39, 40, 41 li., 46, 47 u., 50, 51, 52, 53, 56, 57, 58, 60, 62, 63 li., 65, 67, 68, 75, 82, 54, 85, 90, 91, 93
Nadine Schumacher: S. 14, 21, 34, 73, 76 li., 81
Christiane Slawik: S. 63 re.
Melanie Viereckel: S. 55
Ellen Vierhaus: S. 16, 31 re., 64, 72
Die Zeichnungen wurden von Kerstin Diacont erstellt.

ISBN 978-3-275-02254-0

Postfach 103743, 70032 Stuttgart
Ein Unternehmen der Paul Pietsch Verlage GmbH & Co. KG

2. Auflage 2024

Sie finden uns im Internet unter www.mueller-rueschlikon-verlag.de

Lektorat: Claudia König
Innengestaltung: tebitron gmbh, Gerlingen
Druck und Bindung: DZS Grafik d.o.o., 1210 Ljubljana
Printed in Slovenia

INHALT

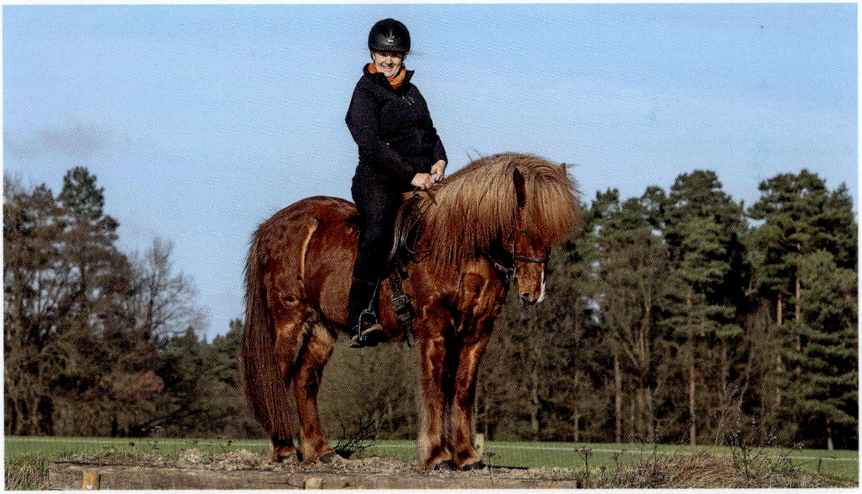

Gnarr frá Midhrauni, Islandpferd

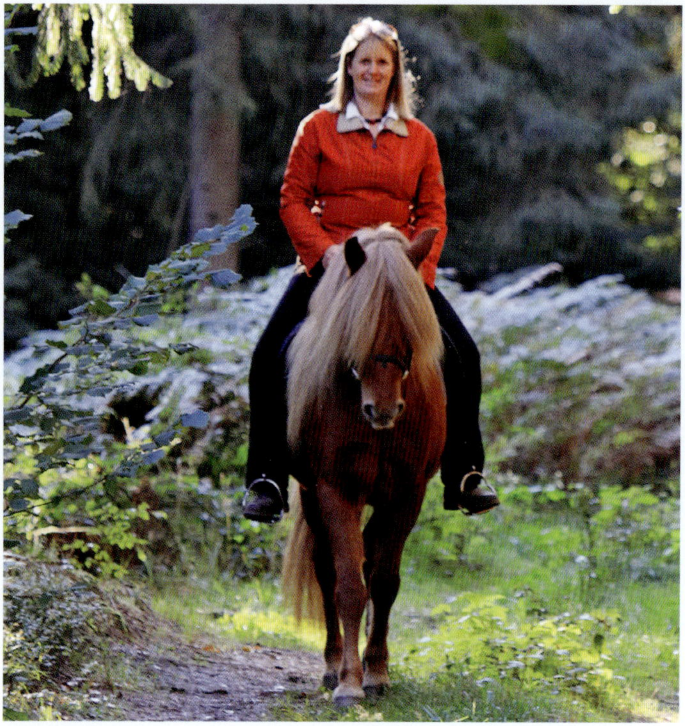

Islandpferd Snilld

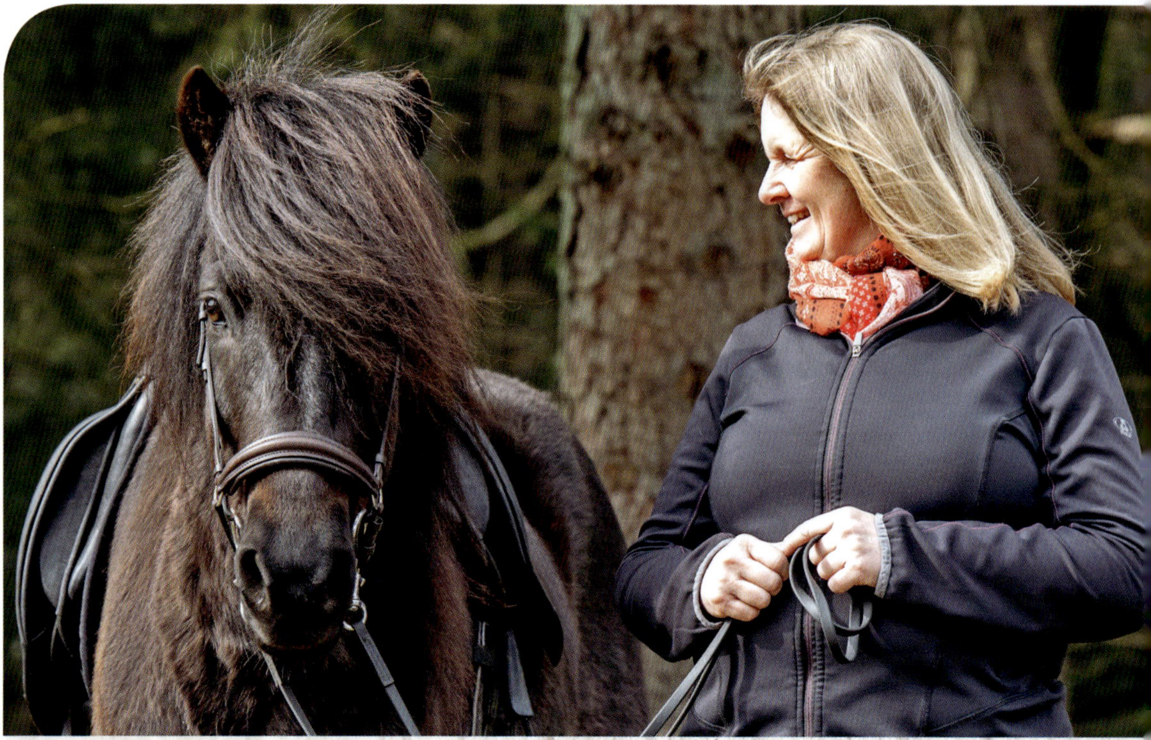

Islandpferd Aevar

Vorwort

Hier sind sie nun, meine Gedanken zum Thema Tölt richtig reiten. Mit dem Wort „richtig" habe ich mich etwas schwergetan ... „Richtig" ist ja vor allem immer eine Frage der persönlichen Einstellung und der Erfahrungen. Was ich hier also darlege, sind meine Erfahrungen aus jahrzehntelanger Tätigkeit als Ausbilderin für Gangpferde und ihre Reiter.
Da ich nicht nur den „klassischen" Weg des Tölt-Reitens gegangen bin, sondern im Sattel von Gangpferden aller Rassen und vielen dreigängigen Pferden Platz nehmen durfte, spiegelt sich das natürlich auch hier in diesem Buch wider. Harmonie, Leichtigkeit und Tragfähigkeit sind meine Wertmaßstäbe für „richtiges" Tölten – nicht der sportliche Erfolg. Über Allem steht daher die Gesunderhaltung und Partnerschaft mit diesem wunderbaren Lebewesen.
Gerne hätte ich geschrieben: „hier ein bisschen treiben, dort ein bisschen höher einstellen – und ZACK! da ist er, der taktklare Tölt!!" Aber das ging leider nicht ... Denn Tölten und Tölten-Lernen ist ein Prozess. Dieser Weg ist auch für mich nie abgeschlossen. So habe ich mich denn bemüht, die häufigsten Fragen, die mir über die Jahre zum Thema Tölt gestellt wurden, zu beantworten.
Ich habe mich dabei rein auf die Gangart Tölt konzentriert. Andere Aspekte der (Gang-) Pferdeausbildung, wie zum Beispiel die Entwicklung der Grundgangarten oder die Bodenarbeit, sind mir mindestens genauso wichtig, haben hier in diesem Buch jedoch keinen Platz gefunden.
Und noch zum Verständnis dieses Buches: Der Begriff „Tölt" hat sich im deutschsprachigen Raum für die meisten Viertakt-Gangarten eingebürgert. Der Einfachheit halber werden wir es auch in diesem Buch so halten. Eigentlich bezeichnet Tölt jedoch nur den Viertakt des Islandpferdes. Bei allen anderen Gangpferderassen hat der Tölt eigene, landestypische Namen. Ich hoffe sehr, dass die Freunde des Rack, des Single Foots, des Paso Llano, des Paso Cortos, der Picada und des Walks sich ebenso angesprochen und wertgeschätzt fühlen mögen.

Kaja Stührenberg
Juli 2022

Wichtiger Hinweis: Niemals ohne Helm. In diesem Buch sind einige Bilder, auf denen die Reiter keinen Reithelm tragen. Zur eigenen Sicherheit sollte jede Reiter einen Reithelm tragen, dies wird auch ausdrücklich von der Autorin empfohlen.

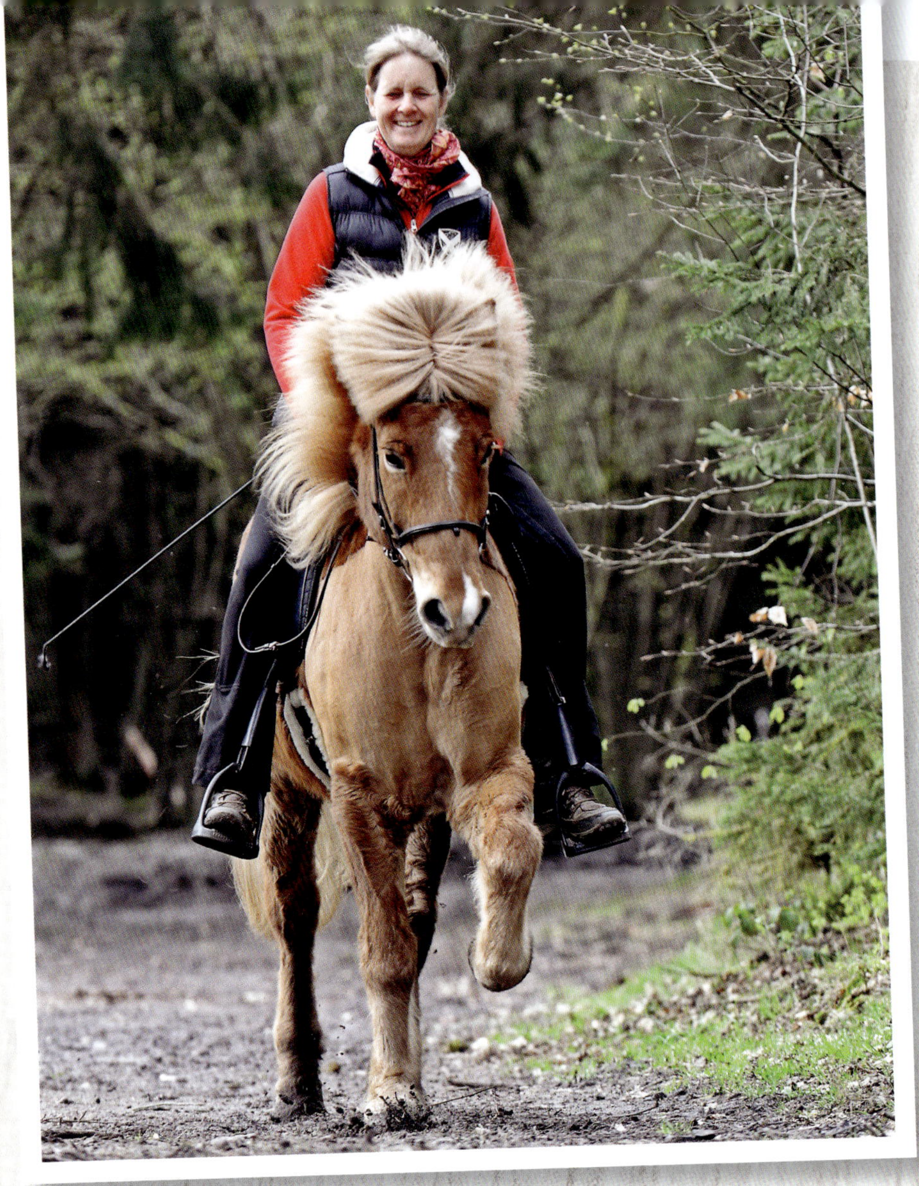

Islandpferd Fjórdungur

I. Was ist **Tölt?**

1. Definition Tölt

Kraft, Dynamik, Mühelosigkeit – das sind nur drei der Eigenschaften, die oft mit der Gangart Tölt verbunden werden. Der sprudelnde Viertakt, der seine Bekanntheit in Deutschland vor allem den Islandpferden verdankt, begeistert immer mehr Reiter. Es ist wohl dieses Lebensfrohe, Fröhliche, Muntere in Kombination mit dem bequemen Sitzgefühl, das die Faszination für den 4. Gang ausmacht. Tölten macht süchtig!
Der Tölt ist eine Gangart, die im Viertakt und in acht Bewegungsphasen ausgeführt wird.
Die Hufe werden einzeln in der Reihenfolge hinten-links, vorne-links, hinten-rechts, vorne-rechts aufgesetzt. Anders als der Trab oder Galopp beinhaltet der Tölt keine Sprungphase. Das heißt, im Tölt hat immer mindestens ein Bein Bodenkontakt. Er wird zumeist in einem mittleren Tempobereich ausgeführt. Seine Geschwindigkeit kann je nach Pferd vom Schritt- bis zum Galopptempo reichen. Was den Tölt auszeichnet, ist seine Dynamik in Kombination mit der Sitzbequemlichkeit für den Reiter. Durch die fehlende Sprungphase wird der Reiter in keinem Moment im Sattel „geworfen".

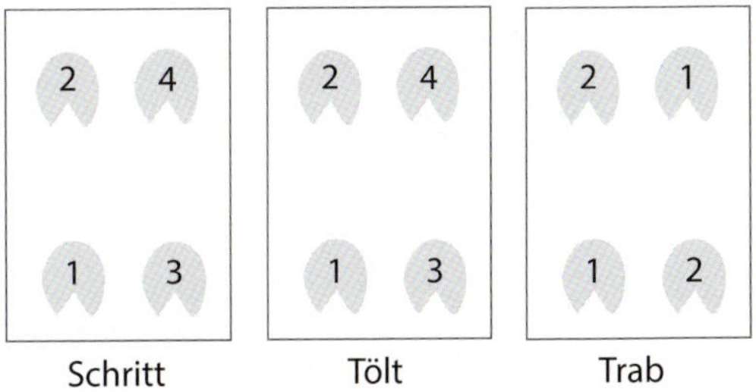

Zum Vergleich: Tölt und Schritt haben die gleiche Fußfolge; der Schritt wird jedoch langsamer ausgeführt. Tölt und Trab haben unterschiedliche Fußfolgen, werden allerdings in einem ähnlichen Tempobereich ausgeführt. Der Trab als schwungvolle Gangart hat zusätzlich noch eine Sprungphase.

Der Tölt ist vor allen Dingen durch die Islandpferde bekannt geworden. Tatsächlich wird er jedoch seit vielen Jahrhunderten rund um den Globus geritten. Er hat sich überwiegend in solchen Ländern erhalten, wo man lange Strecken komfortabel überwinden wollte – also dort, wo das Pferd noch als „Reisemittel" genutzt wurde und wird.

2. Warum können Pferde tölten?

Tölt ist eine natürliche, genetisch veranlagte Gangart, ebenso wie Schritt, Trab und Galopp. Ob ein Pferd diese Veranlagung besitzt, ist über einen Gen-Test festzustellen.
2006 war es internationalen Wissenschaftlern gelungen, das gesamte Erbgut des Pferdes in 30.000 Gene aufzuspalten. Nach diesem ersten Schritt fanden schwedische Forscher 2012 heraus, dass eine bestimmte Gen-Mutation dafür verantwortlich ist, ob Pferde neben Schritt, Trab und Galopp auch Pass und oder Tölt-Varianten ausführen können („Mutations in DMRT3 affect locomotion in horses and spinal circuit function

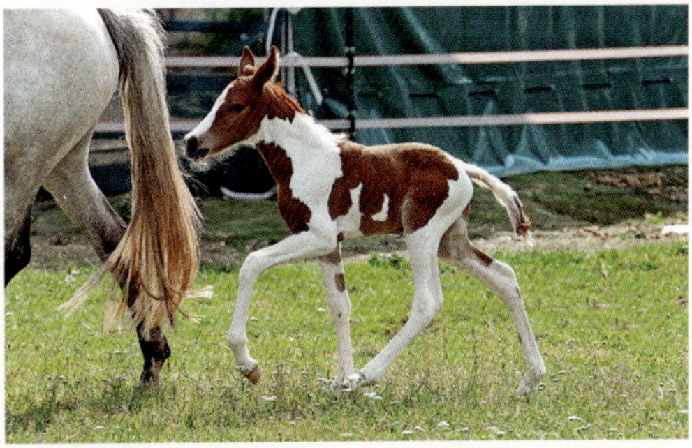

Tölt ist eine genetisch verankerte Gangart; hier: Mangalarga-Marchador-Fohlen Jerry vom Hartungshof in der Marcha Picada.

in mice", Nature Journal Sept. 2012). Untersucht wurden 352 Pferde, isländische Vier- und Fünfgänger sowie amerikanische und schwedische Standardbreds (Pass- und Trabrennpferde). Das DMRT3 Protein kommt in allen Säugetieren vor und ist zuständig für die Gliedmaßen-Koordination. Es hat sowohl auf die Links-Rechts-Koordination der Gliedmaßen als auch auf die Aktivität der Beuge- und Streckmuskulatur in Vor- und Hinterhand Einfluss.
Die schwedischen Forscher unterscheiden vier Kategorien: Pass, Passtölt, Trabtölt und Tölt. Ist das DMRT3 Gen reinerbig mutiert, kann das Pferd Pass gehen. Ist es mischerbig mutiert, verfügt ein Pferd über Tölt-Varianten. Ist das Gen nicht mutiert, ist das Pferd ein „klassischer Dreigänger", d. h. es hat im mittleren Tempobereich „nur" Trab zur Verfügung.

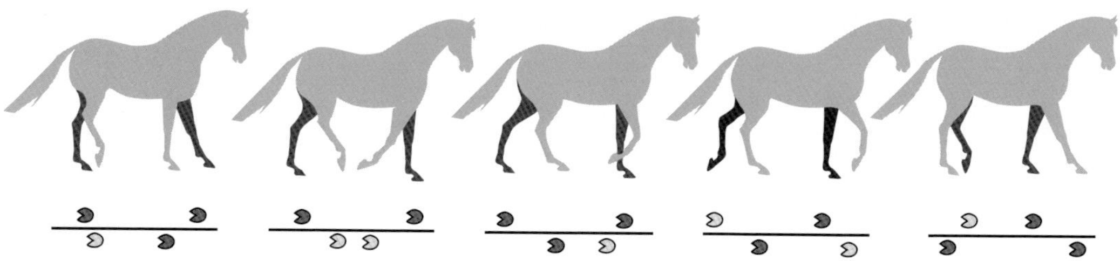

Schritt, ein Viertakt in acht Phasen, ruhig und schreitend. Zwei- und Dreibeinstützen wechseln sich ab.

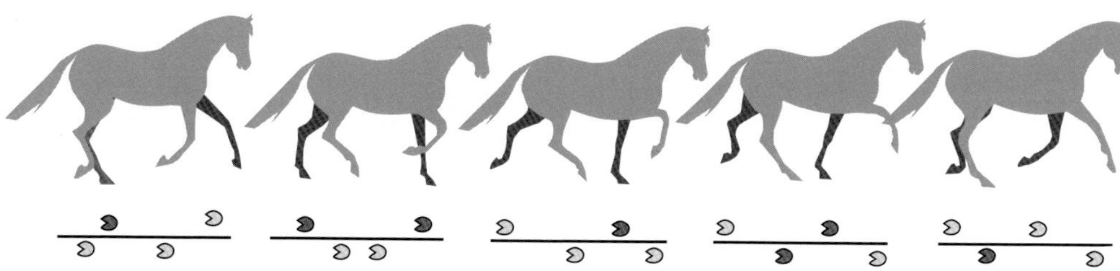

Tölt, wie der Schritt, ein Viertakt in acht Phasen, jedoch dynamischer und mit einer höheren Schrittfrequenz ausgeführt. Ein- und Zweibeinstützen wechseln sich ab.

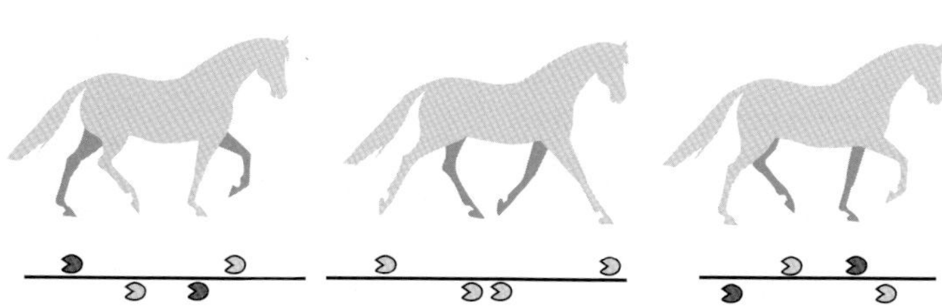

Trab, ein schwungvoller Zweitakt in vier Phasen mit einer Sprungphase.

2014 gab es eine weitere schwedische Studie, bei der 4396 Pferde aus 141 Rassen untersucht wurden. Bei 68 Rassen wurde das mutierte DMRT3 Gen gefunden, d. h. sie sind Gangpferde. Bei den Untersuchungen konnte auch festgestellt werden, zu wie viel Prozent eine Tölt-Veranlagung vorhanden ist. So fand man z. B. bei den Rocky Mountain Horses, Standardbreds und Paso Peruanos 100 %ige Veranlagung, bei Isländern 75 %, bei Mangalarga Marchadores 45 % und bei Saddlern 27 % Gangveranlagung.
Am Gebäude eines Pferdes ist nicht ablesbar, ob ein Pferd eine Tölt-Veranlagung hat. Gebäudemerkmale nehmen Einfluss auf die Bewegungsausführung (raumgreifend, hochfrequent, elastisch, steif usw.), aber nicht auf das Vorhandensein einer Viertakt-Variante.

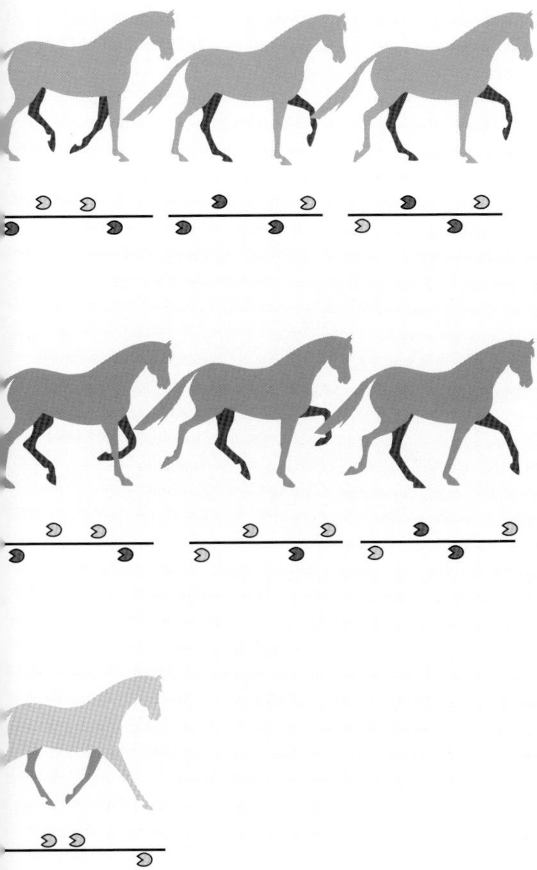

3. Verschiedene Gangpferderassen und Tölt-Varianten

Viele Jahre ging man in Europa davon aus, dass der Tölt den Islandpferden vorbehalten sei. Daher hat sich der Begriff Tölt auch für die meisten weiteren Viertakt-Gangarten eingebürgert. So machen wir es auch in diesem Buch. Eigentlich bezeichnet das Wort Tölt jedoch nur den isochronen Viertakt des Islandpferdes. Bei allen anderen Gangpferderassen hat der Viertakt eigene landestypische Namen, wie z. B. Single Foot, Marcha Picada, Paso Llano, Rack u. v. m.
Seit den 1970er Jahren sind Tölter aus Nord- und Südamerika, sowie aus Süd- und Osteuropa in Mitteleuropa heimisch geworden. Sie reichen vom Pony-Typ, über den spanischen Typ bis zum eleganten Vollblut. Jede Rasse hat ihre eigenen, landestypischen Vorlieben mitgebracht und Tölter mit unterschiedlichsten Schwerpunkten hervorgebracht: Ausdauer, Bequemlichkeit, Wendigkeit, Schnelligkeit, Showeffekt, Raumgriff, Trittsicherheit.
Bei allen Tölt-Varianten handelt es sich um einen Viertakt in acht Phasen ohne Sprungphase. Die Varianten unterscheiden sich jedoch je nach Rasse und Ausbildungsschwerpunkt durch:

1. Die Phasenfolge: der Tölt des Isländers wird mit Ein- und Zweibeinstützen ausgeführt, die Marcha Picada des Mangalarga Marchadores mit Zwei- und Dreibeinstützen.
2. Die Stützphasen: Sind alle Stützphasen gleich lang, handelt es sich um einen taktklaren, isochronen Tölt. So z. B. der Gait des Rocky Mountain Horses, der erwünschte Tölt des Isländers oder der Rack des Speed Rackers. Betont das Pferd die laterale Stützphase, entspricht das einer Verschiebung zum Pass. So z. B. Passtölt des Islandpferdes oder Sobreandando des Paso Peruanos. Verweilen die diagonalen Beinpaare länger am Boden als die lateralen, verschiebt sich der Tölt Richtung Trab, so z. B. der Trabtölt des Isländers, der Fox Trot des Missouri Fox Trotters oder die Marcha Batida des Mangalarga Marchdores.
3. Die individuelle Bewegungsmechanik: hiermit ist die Art der Gliedmaßenführung, des Versammlungsgrades und der Nickbewegungen von Kopf und Hals gemeint. So sieht z. B. der Rack des Speed Rackers gänzlich anders aus als der Walk des Tennessee Walkers.
4. Die Trittfrequenz: damit ist die Häufigkeit der sich regelmäßig wiederholenden Bewegungen gemeint. So sind z. B. der Paso Corto des Paso Finos und der Flat Walk des Tennessee Walkers beides isochrone Viertakt-Varianten mit der gleichen Phasenfolge. Im Paso Corto werden die Beine jedoch wesentlich schneller bewegt als im Flat Walk.

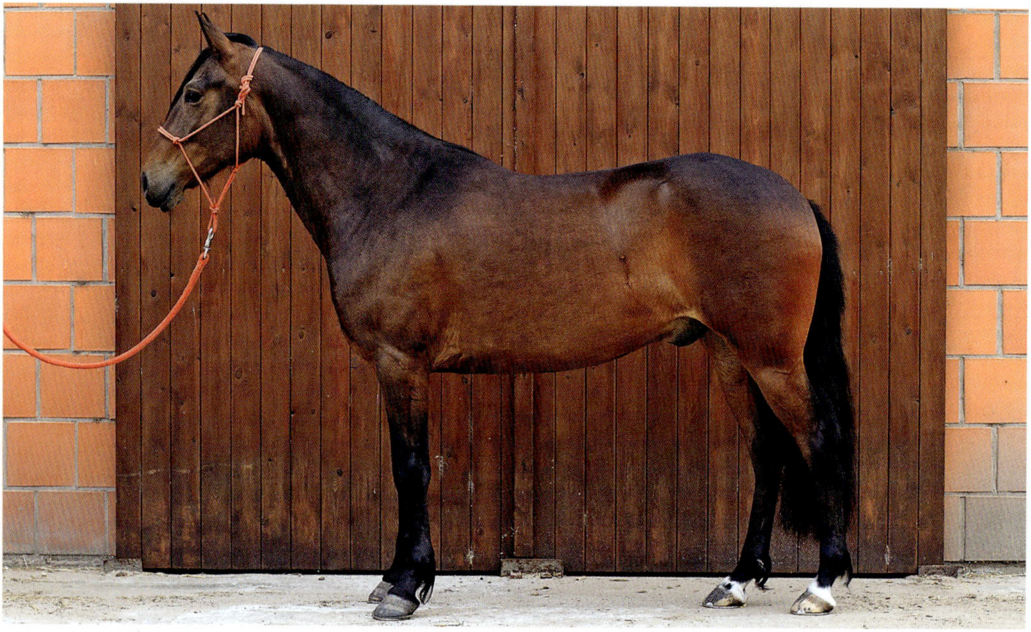

Am Gebäude eines Pferdes ist nicht ablesbar, ob es Tölt-Veranlagung hat. Das Exterieur nimmt jedoch Einfluss auf die Bewegungsausführung. Hier: Paso Peruano Sancho, ein Pferd mit sehr ausgeprägtem Tölt.

Soweit die Theorie ... In der Praxis halten sich die Pferde nicht immer an die theoretischen Gang-Analysen ihrer Züchter ... Eine bestimme Gangvariante ist zwar typisch für eine bestimmte Pferderasse. Aber häufig beherrscht ein Pferd auch mehrere oder andere Gangvarianten, als in seinem Zuchtbuch vorgesehen sind. So gibt es Islandpferde die walken, Tennessee Walker die tölten, Fox Trotter die Single Foot gehen, Mangalarga Marchadores die traben oder Rocky Mountain Horses die Fox Trot gehen ...

Je nach persönlicher Einstellung sehen Züchter und Reiter dieselbe „Gangverschiebung" als Bereicherung („ein Gang mehr"), als Entwicklungsschritt (z. B. vom Trabtölt zum Tölt) oder als Taktfehler (ein Isländer „darf" keinen Trabtölt gehen). Durch die Beeinflussung der Balance und der Energie des Pferdes kann meist die rassetypische Viertakt-Variante ausgebildet werden.

4. Tölt-Veranlagung erkennen

Wenn man ein Gangpferd kaufen möchte oder den richtigen Ansatz für die Tölt-Ausbildung finden möchte, ist es wichtig, eine Idee von der natürlichen Gangveranlagung des Pferdes zu haben.

Aus der Kenntnis der Abstammung des Pferdes lässt sich ein erster Eindruck gewinnen, ob und wie viel Gangveranlagung die Vorfahren hatten. Und möchte man sichergehen, ob

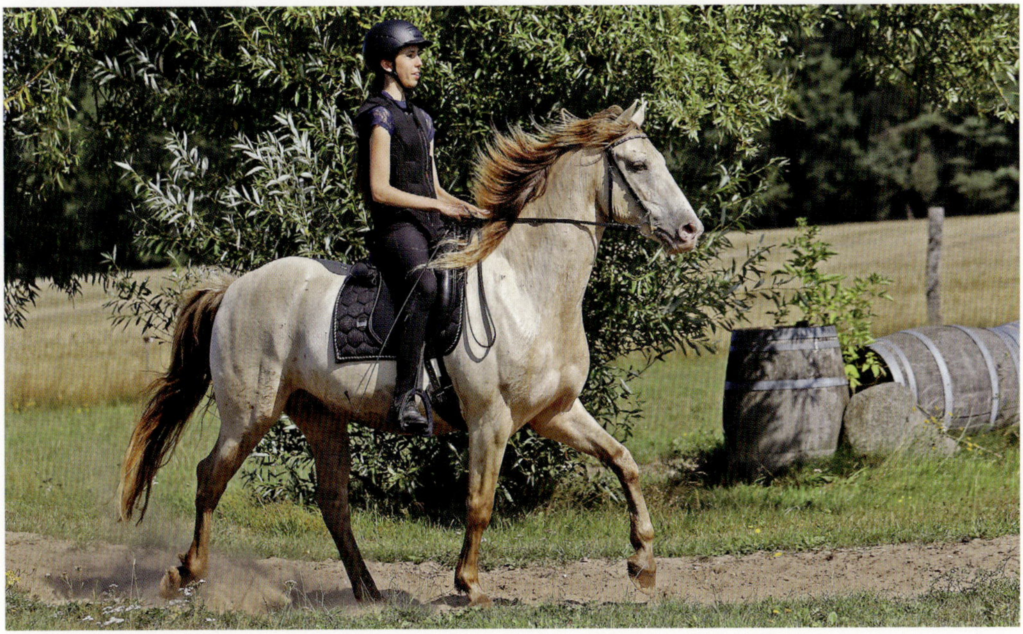

Verschiedene Gangpferderassen mit ihren unterschiedlichen Tölt-Varianten sind in Europa wieder heimisch geworden.
Hier: Rocky Mountain Horse Quiz im Gait mit Celine Schumacher

Tölt-Veranlagung vorhanden ist, kann ein Gentest genauen Aufschluss geben.
Großen Erkenntnisgewinn gibt die Betrachtung des Pferdes im Freilauf auf der Weide oder auf dem Reitplatz. Pferde mit viel natürlicher Tölt-Veranlagung bewegen sich dort ohne große menschliche Einflussnahme freilaufend im Tölt. Gangveranlagung zeigt sich auch häufig in folgenden Situationen: Wenn das Pferd vom Galopp in den Trab zurückkommt, zeigt es dazwischen oft einen Moment den Tölt. Wenn ein Pferd im schnellen Tempo, sei es Galopp oder Trab, eine enge Wendung angeht; dann schiebt ein Gangpferd dabei gerne einige

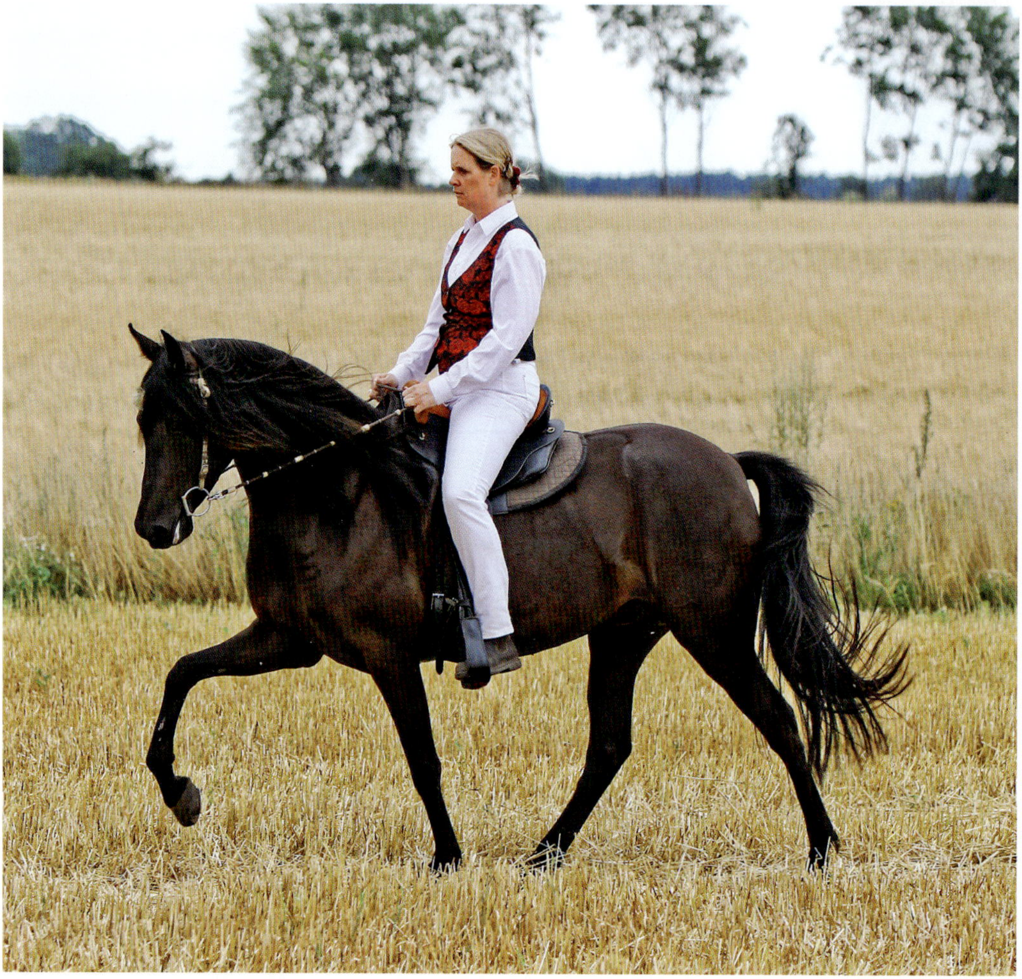

Große, weiche Bewegungen mit einer ausgeprägten, runden Vorhandaktion zeigen die südamerikanischen Paso Peruanos im Paso Llano. Hier: Paso-Peruano-Stute Perfeccion

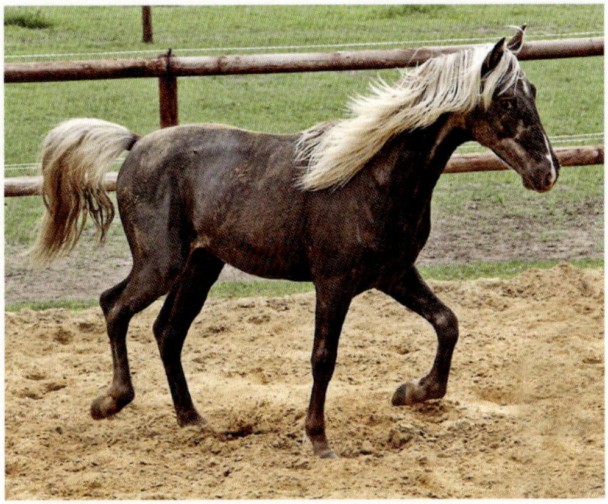

Der 2-jährige Rocky-Mountain-Horse-Hengst Storm zeigt hier freilaufend seine ausgeprägte, natürliche Tölt-Veranlagung (Gait).

Schritte im Tölt ein. Oder wenn sich ein Gangpferd erschreckt und plötzlich losläuft, zeigt es beim „Durchstarten" häufig einige hoch-frequente Schritte im Tölt.
Ist freilaufend kein Ansatz zum Tölt ersichtlich, kann das Pferd auch am Halfter oder Kappzaum geführt werden: Der Führende nimmt hierzu den Kopf und Hals des Pferdes in eine leicht erhöhte Position und läuft selber in kleinen, kurzen, schnellen Schritten nebenher, evtl. unterstützt mit einem Schnalzer oder einer erhobenen Gerte. Häufig zeigen sich hierbei erste Töltansätze.
Beim gerittenen Pferd kann man die Viertakt-Veranlagung zusätzlich in Übergängen und versammelnden Lektionen wahrnehmen.
Vermeintliche „Taktunreinheiten" in den Übergängen Galopp-Trab oder Trab-Schritt weisen häufig auf eine Gangveranlagung hin. „Versteckte" Gangveranlagung zeigt sich häufig bei versammelnder Arbeit: bewegt sich das Pferd mit mehr Spannung und Verkürzung im Körper, z. B. bei Seitengängen im Trab oder beim Erlernen einer Piaffe, können schnell einige Tölt-Schritte entstehen. Ähnlich ist es, wenn sich der Galopp nicht im gewünschten Maße versammeln lässt oder das Pferd einen lateral verschobenen Pass-Galopp zeigt.
Äußere Einflüsse können ebenfalls eine Viertakt-Veranlagung zutage bringen, v. a. Situationen, in denen ein Pferd schneller laufen möchte als es kann oder darf, z. B. wenn ein anderes Pferd vorweg eilt. Oder bei kaltem, stürmischem Wetter oder einer Veranstaltung, die das Pferd erregt.
Wenn das Pferd freilaufend, an der Hand oder unter dem Sattel Pass zeigt, KANN dies ein Hinweis auf eine Tölt-Veranlagung sein – MUSS aber nicht. Es gibt tatsächlich auch Pferde, die genetisch nur Pass ohne Tölt oder Trab mitbekommen haben. (Keine Sorge, auch diesen Pferden kann man das Tölten nahebringen, siehe dazu Kapitel „Passverschiebungen".)

5. Eine kurze Geschichte des Tölts

Den Tölt gibt es seit Millionen von Jahren. Das beweisen unter anderem die versteinerten Hufspuren des töltenden Steppenpferdes Hipparion, das vor 3,5 Millionen Jahren in Tansania lebte. Auch Höhlenmalereien und Münzreliefe zeugen seit über 20.000 v. Chr. von töltenden Kleinpferden. Schriftliche und künstlerische Nachweise aus der Antike und dem Mittelalter zeigen uns Pferde im Tölt, die unter der Bezeichnung Palefridus (Latein) oder Zelter (deutsch) als bequeme Reisepferde oder für die Falkenjagd eingesetzt wurden. Trotzdem schien der Tölt vielen Menschen wie eine Neu-Entdeckung, als er in den 1950er Jahren in Deutschland wieder eingeführt wurde. Warum war er so lange „verschwunden"?

Das lässt sich an verschiedenen historischen Entwicklungen festmachen:

1. In dem Zeitalter, als wir vermehrt schriftliche Nachweise über die Reiterei besitzen (Renaissance und Barock 1400–1770) war die Reiterei vornehmlich zur Kunst geworden. Sie diente als Ausdruck von Lebensart und Bildung, die „Kampf-Gangarten" wurden stilisiert. Der Tölt war für diese Form der versammelten Reiterei nicht zu gebrauchen.
2. Auch die Entwicklung neuer Sitz- und Sattelformen trug dazu bei, dass der bequeme Tölt für ein komfortables Reisen weniger wichtig wurde: Damen, die seit dem Mittelalter vorwiegend im Seitsitz auf Herrensätteln oder Reitkissen auf Zeltern ritten, kam die Erfindung des Damensattels im 16. Jahrhundert zugute. Im sogenannten Schrägsitz konnten sie nun sicher und elegant auch im Trab und Galopp Gelände- und Jagdreiten. Der aus Mittelalter und Renaissance übernommene Herrensitz mit nach vorne abgespreizten Beinen wurde maßgeblich durch Gueriniere (1733) in einen Sitz mit angewinkelten Knien und zurückgenommenen Unterschenkeln umgewandelt, so dass sich der Trab und Galopp auch für die Herren besser aussitzen und beeinflussen ließen. Das schnelle Geländereiten wurde noch einmal verbessert, als sich über England das Leichttraben etablierte und insbesondere als Frederico Caprilli, Rittmeister der italienischen Armee, den leichten Sitz Ende des 19. Jh. einführte.
3. In der Moderne (ab Mitte 18. Jh.) wurde das Pferd vornehmlich in großen Heeren eingesetzt. Der Tölt ist jedoch wenig geeignet für das Reiten in Formation. Der Trab ist wesentlich variabler in Tempo und Versammlungsgrad. Zudem mussten auch ungeübte Reiter schnell mit jedem Pferd zurechtkommen können. Daher durften keine Taktprobleme auftreten.
4. Trab war auch die Gangart der Wahl, als im Zuge des Ausbaus des Straßennetzes zu Beginn des 19. Jahrhunderts das Pferd mehr und mehr vor dem Wagen eingesetzt werden konnte. Das bequeme Pferd zum Reiten, der Tölter, wurde zugunsten eines ausdauernden, schnellen und eleganten Wagenpferdes zurückgedrängt.
5. Ende des 19. Jahrhunderts entstanden aus dem Vergleich zwischen Offizieren der europäischen Kavallerien die ersten sportlichen Reitdisziplinen wie Springen und Dressur. Ihr Siegeszug und mit ihm die Dominanz schwungvoller Gangarten setzt sich bis heute fort.

Wenn der Tölt auch in Europa vorübergehend verschwand, so blieb er doch in etlichen Regio-

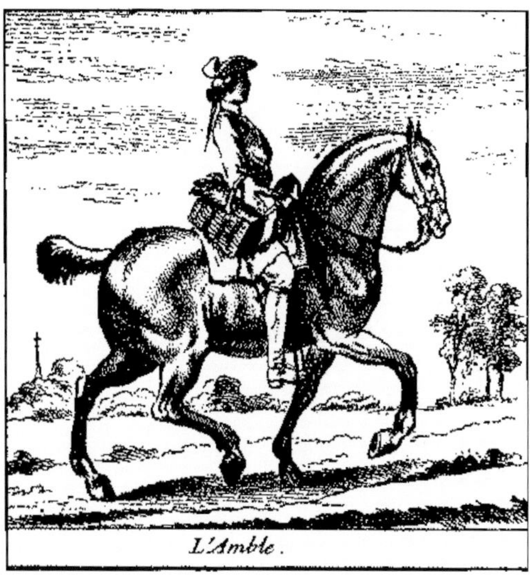

Laterale Gangarten, hier Passtölt, wurden in vergangener Zeit als bequeme Reisegangart genutzt. Abbildung L'Amble entnommen aus: „Reitkunst" von Francois Robichon de la Guérinière 1733, Olms Verlag 1999

nen der Welt erhalten. Er wurde dort gepflegt, gefördert, gezüchtet und geschätzt, wo man darauf angewiesen war, mit einem Pferd lange Strecken bequem zurückzulegen: z. B. in Island, in Brasilien oder in der Mongolei. Häufig in abgelegenen Gegenden, wo das Gelände noch bis ins 20. Jahrhundert unwegsam und ohne Straßen war.
Ab 1955 ebnete Ursula Bruns mit ihren Immenhof-Filmen den Weg für töltende Islandpferde und die Wiedereinführung des Tölts auf dem Kontinent. Neben Island bereitete Amerika den (Rück-) Weg für weitere Gangpferderassen in Europa. Dort haben sich verschiedenste Gangpferderassen, Nachfahren der Pferde der Kolonialmächte, ihren Platz als Gebrauchspferde erhalten. Als 1973 Jean-Claude Dysli und Ewald Isenbügel erste Pasos in die Schweiz brachten, war dies der Beginn der Gangpferde-Vielfalt in Europa. Der Islandpferde Verein IPZV gründete sich 1968, die Internationale Gangpferde Vereinigung IGV 1989.

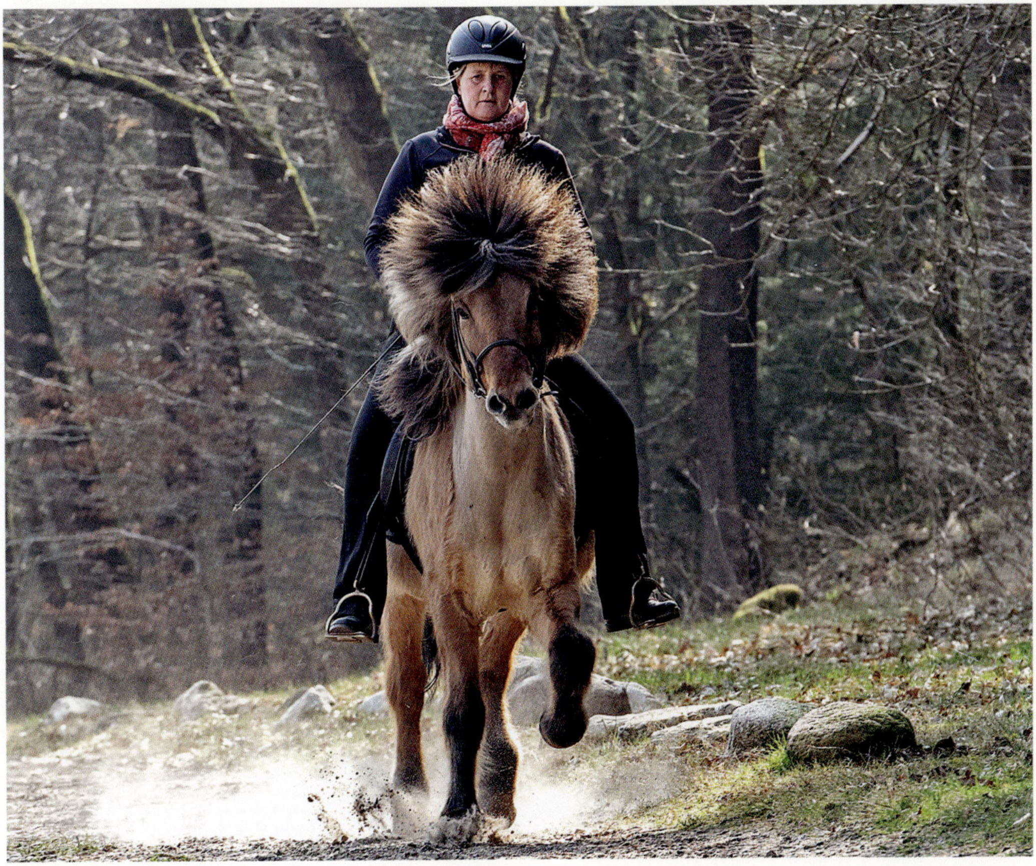

Islandpferde machten den Tölt in Europa wieder heimisch und bekannt. Islandpferd Dreyminn

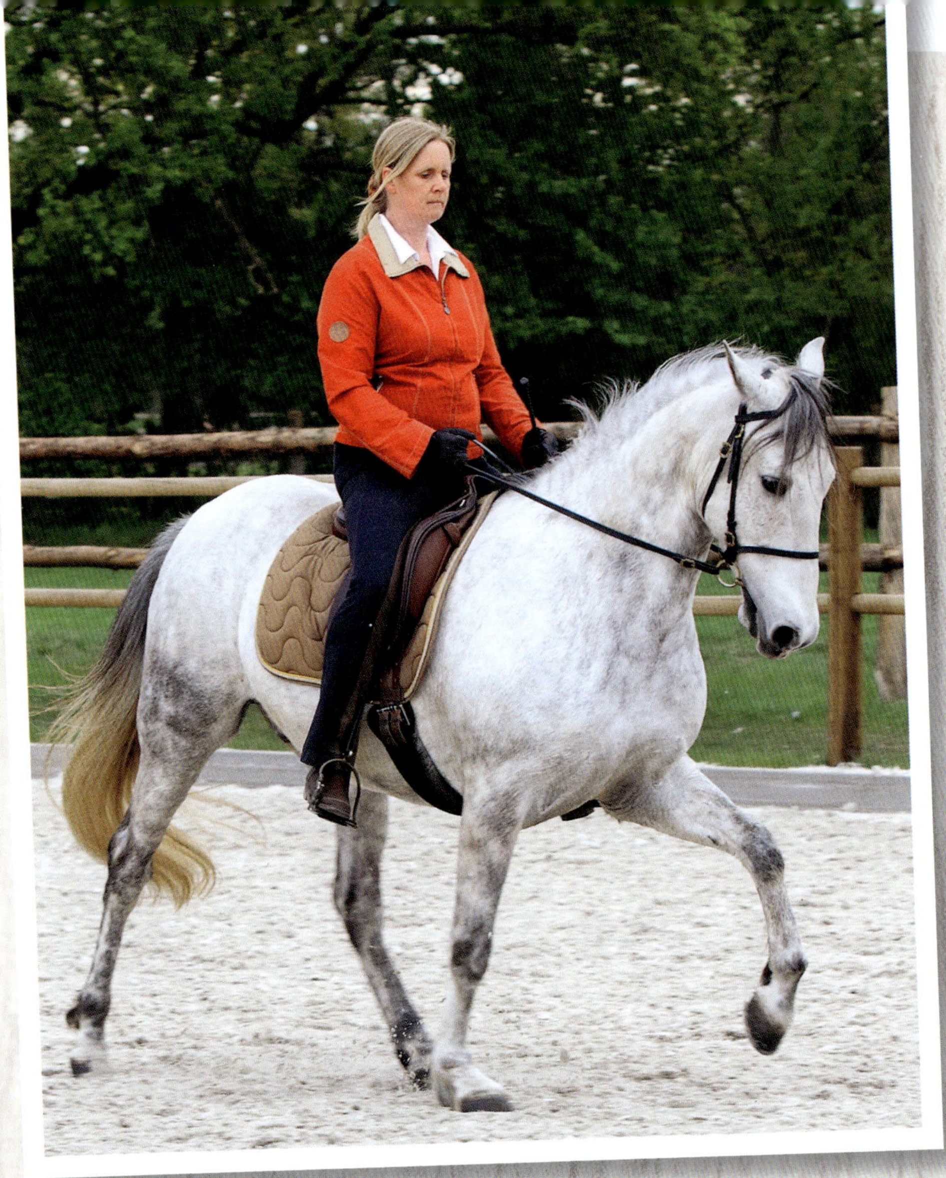

Paso Iberoamericano Nuno

II. Die Ausbildung des Tölts

„Den Tölt ausbilden" und „den Tölt reiten" ist oft nicht voneinander zu trennen. Es ist nicht so, dass der Tölt-Takt einmal gefunden und ausgebildet wurde und dann für den Rest des Pferdelebens fest installiert wäre. Der Tölt wird sich immer wieder in die eine oder andere Richtung verschieben. Je nach Gangveranlagung und Geschick des Reiters mehr oder weniger. Der Tölt muss dann neu gesucht und wieder ausbalanciert werden. Insofern ist auch nach einer professionellen Ausbildung eines Pferdes im Tölt, der Reiter selber immer wieder gefordert, im gewissen Maße Ausbilder zu sein, um seinen Tölt taktklar zu erhalten. Die Aspekte aus diesem Kapitel ergänzen sich daher mit den Themen aus Kapitel III. „Herausforderungen im Tölt-Alltag".

1. Die Gangverteilung bestimmt den Weg

Jedes Gangpferd hat eine unterschiedlich starke Ausprägung seiner Gangarten, die so genannte „Gangverteilung". Gemeint ist damit, welche Gangarten ein Pferd in welcher Gewichtung beherrscht. Manche Pferde haben viel Trab-Veranlagung und wenig Tölt, manche haben viel Tölt-Veranlagung und dazu Pass, manche haben Trab, Tölt und Pass zu gleichen Anteilen, manche

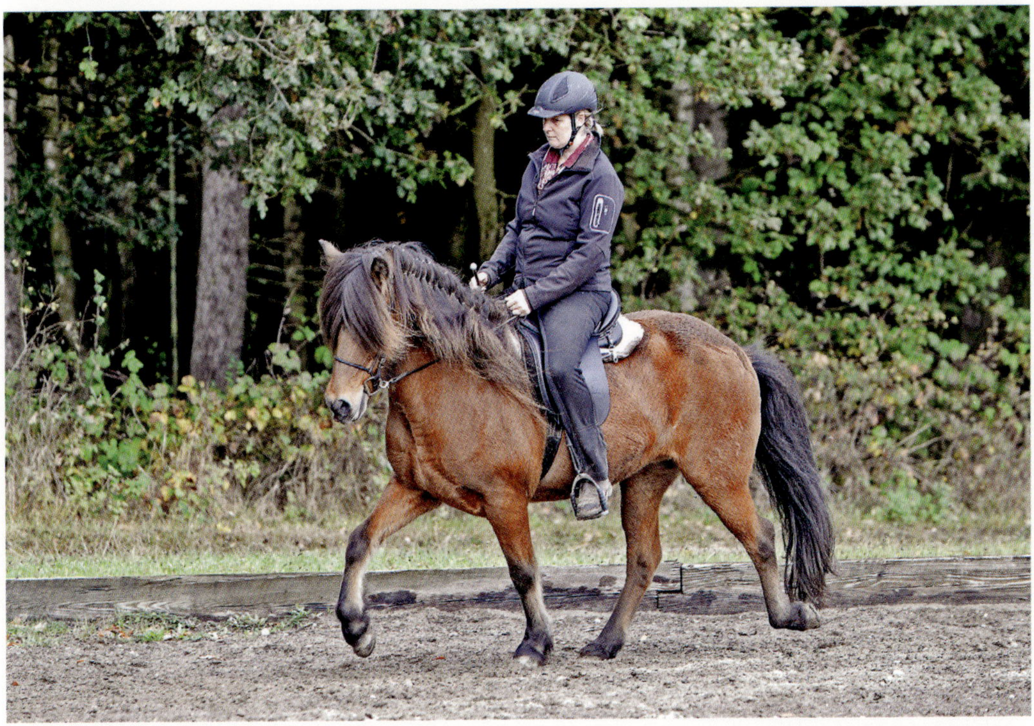

Die Ausbildung des Tölts hängt von der Gangverteilung des Pferdes und dem Geschick des Reiters ab. Hier: Islandpferd Dama

gehen Trabtölt oder Passtölt oder mischen alle Gangarten. Die Gangverteilung nimmt maßgeblichen Einfluss auf das Vorgehen und den Zeitpunkt bei der Tölt-Ausbildung des Pferdes. Dabei sollte man sich nicht an rassetypischen Zuchtvorgaben festbeißen, die z. B. für den Isländer oder das Rocky Mountain Horse nur den Tölt vorsehen. Problemlos kann das Islandpferd im Trabtölt oder das Rocky Mountain Horse im Trab sein erstes Gleichgewicht unter dem Sattel finden. Der rassetypische Tölt geht nicht verloren und kann nach erfolgreicher Grundausbildung umso harmonischer und leichter hinzugenommen werden. Bei manch einem gut gezüchteten Gangpferd „ergibt" sich dann der rassetypische Gang häufig „fast von selbst".

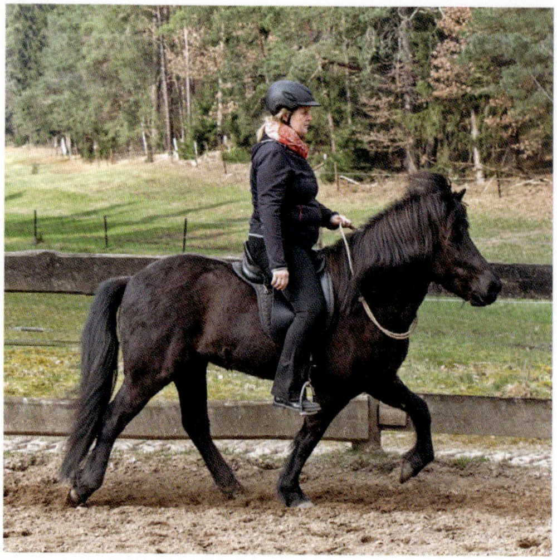

Bei viel natürlicher Tölt-Veranlagung besteht die Ausbildung des Viertaktes in erster Linie im Finden einer passenden Balance. Hier: Islandpferd Hvina

2. Zeitpunkt und Vorgehensweisen zum „Eintölten"

Der Begriff Eintölten bezieht sich auf Pferde, die sich vorwiegend im Trab oder Pass bewegen und die von sich aus wenig oder sehr schwer zu stabilisierende Ansätze zum Tölt zeigen.
Wenn ein Pferd Naturtölter oder Nur-Tölter ist, ist der Begriff „Eintölten" nicht ganz stimmig. Diese Pferde zeigen ja bereits unbeeinflusst ausreichend Tölt-Veranlagung. Ihre Ausbildung im Tölt besteht daher eher im Fördern und Formen dieser Gangart, als darin, sie gezielt „herauszuarbeiten".

Naturtölter

Mit diesem Begriff ist ein Pferd gemeint, das den Tölt allen anderen Gangarten im mittleren Tempobereich vorzieht. Der Begriff Naturtölter ist etwas irreführend, denn die Tölt-Veranlagung an sich ist ja etwas Natürliches. Den Naturtölter gibt es in Form eines „Nur-Tölters", einem Pferd, dem die Gangarten Trab, Galopp und Pass gar nicht zur Verfügung stehen. Und in Form eines Pferdes, das zwar andere Gangarten beherrscht, aber den Tölt in jeder Lebenslage vorzieht.
Bei diesen Gangverteilungen hat es sich bewährt, mit der Tölt-Ausbildung bereits in der Grundausbildung zu beginnen. Sie besteht vor allem darin, ein für die Gangart Tölt passendes Tempo und einen passenden Rahmen zu finden und die Pferde darin zu stabilisieren (siehe Kapitel „Antölten".) Hat man das gefunden, ist ein Naturtölter, Natur-Fox-Trotter, Natur-Single- Footer mit minimalem Trainingsaufwand und wenig Einwirkung in seinem rassetypischen Viertakt zu reiten. In diesem Gang arbeitet man mit Biegungen und Seitengängen daran, das Pferd möglichst bald in ein horizontales

Gleichgewicht zu bringen, so dass es zu Losgelassenheit und einer positiven Rückentätigkeit findet.

Das junge, naturtöltende Pferd sollte nicht partout getrabt werden, weil man ihm gymnastisch ‚etwas Gutes' tun möchte. Würde man es in diesem Ausbildungsstand in einen ihm nicht geläufigen Bewegungsablauf, wie den Trab, zwingen, würde man seine naturgemäße Balance, Leichtigkeit, Aufrichtung und den Bewegungsfluss zerstören. Ein Pferd sollte immer erst in dem Bewegungsablauf sein Gleichgewicht mit dem Reiter (wieder-)finden, in dem es am meisten zu Hause ist. Sind die ersten Ausbildungsabschnitte solide gefestigt, steht es dem Reiter frei, den Trab – und seinen gymnastizierenden Nutzen – dazu zu nehmen.

Pferde mit mehr Tölt als Trab-Veranlagung

Sollte ein Pferd viel Tölt-Veranlagung in Kombination mit einem unsicheren Trab zeigen, so sollte es ebenfalls vorerst im Tölt ausgebildet werden. Solche Pferde sind im Trab zu instabil, um sie nutzbringend im Trab ins Gleichgewicht zu bringen. Meistens können sie den Trab nur auseinandergefallen und auf geraden Linien halten. Jede gymnastische Anfrage nach Stellung, Biegung oder Tempounterschieden im Trab führt bei solchen Pferden zur Trittverkürzung, Aufrichtung und damit in den Tölt. Häufig sind solche Pferde zusätzlich sehr leicht erregbar und verschieben sich aufgrund dessen immer schnell wieder in eine Frequenzerhöhung und in den Tölt.

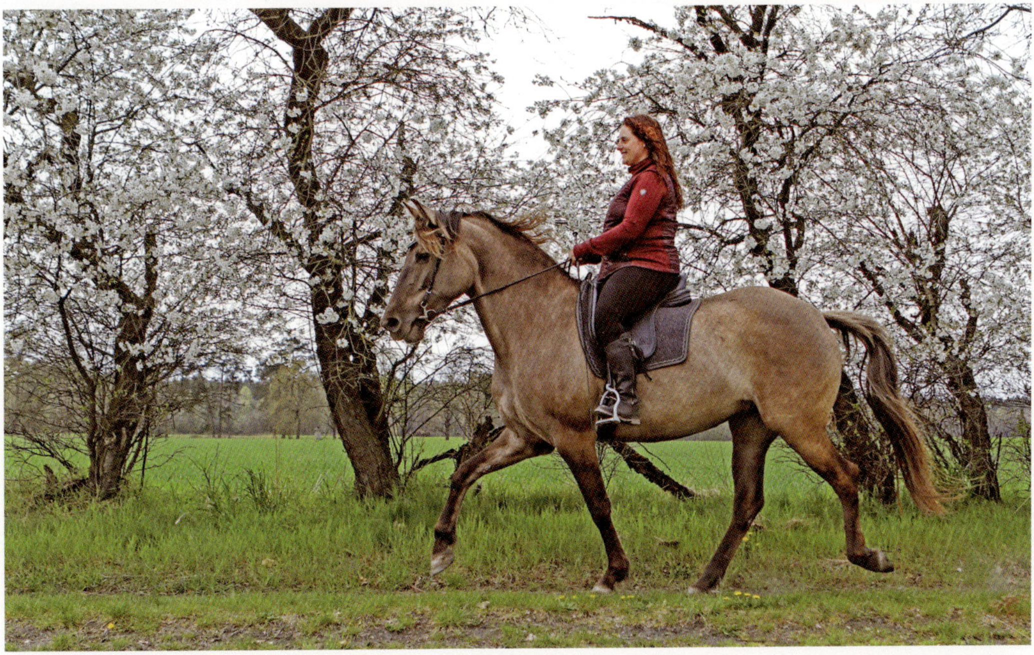

Ein typischer Naturtölter: Kentucky Mountain Horse Honey mit Sabrina Scherweit im Gait.

Diese Pferde sind im Tölt besser zu formen und an die Hilfen zu stellen. Sie sollten vorerst im Schritt und Tölt gymnastisch ausgebildet werden und eine erste Balance finden. Mit mehr Hilfenverständnis und Rückentätigkeit kann daran anschließend eine gezielte Ausbildung im Trab erfolgen. Ähnliches gilt auch für überbewegliche, großrahmige Pferde: sie sind im Tölt anfangs oft besser zu stabilisieren als im Trab.

Pferde, die mehrere Gangarten mischen

Manchmal bekommt ein Pferd genetisch eine Gangverteilung, die es koordinativ nicht bewältigen kann. (Zitat Andrea Jänisch, 2009) Diese Pferde gehen „zehn Gänge auf fünf Meter"; ich nenne es auch gerne „Gangsalat". Sie verändern fortwährend ihre Balance, wechseln fließend von Schritt zu Tölt zu Pass zu Trab zu Trabtölt. Sie behalten keine Gangart über eine längere Strecke gleichmäßig bei und sind durch Bodenverhältnisse, Außenreize oder Reitergewicht sehr störanfällig.

Diese Pferde sind reiterlich eine große Herausforderung. Nur ein routinierter Gangpferdereiter kann entscheiden, welche Gangart aus dem vielfältigen „Gang-Angebot" am ehesten gleichmäßig herzustellen ist. In erster Linie ist hier das stetige Beibehalten EINES Taktes wichtig. Darüber finden diese Pferde zu

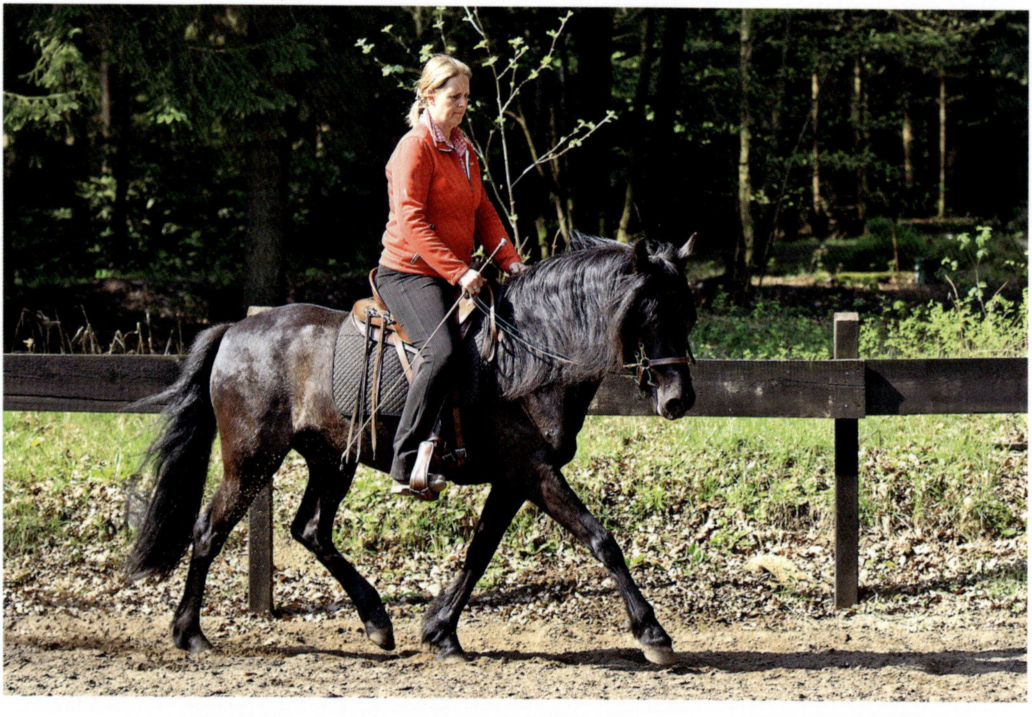

Beherrscht ein Pferd Trab und Tölt zu gleichen Anteilen, so sollte es zuerst im Trab ausgebildet werden. Hier der 4-jährige Paso Iberoamericano Reynando im Trab, gebisslos geritten im Kolumbianischen Bosal.

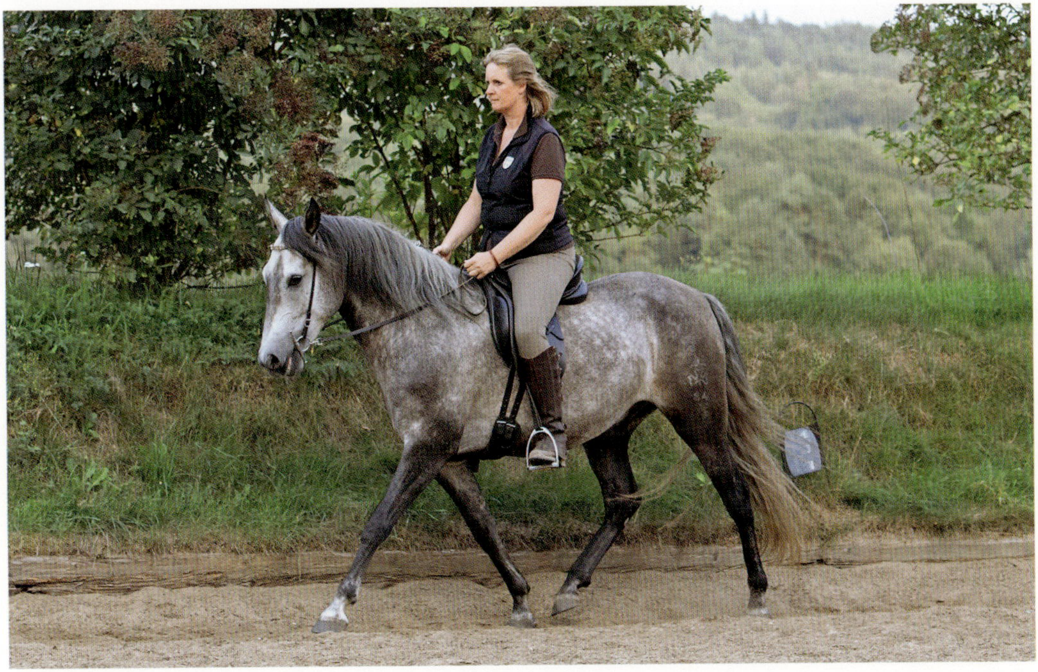

Bei Pferden mit ausgeprägter Trab-Veranlagung, sollte dieser Gang vor dem Tölt gefördert werden. Hier der 5-jährige Mangalarga Marchador Darino.

einer ersten Form von Losgelassenheit und Anlehnung. Erstrebenswert wäre ein Trab, weil sich damit Muskulatur und Stabilität am besten aufbauen lassen. Aber häufig sind diese Pferde am leichtesten in einer Viertakt-Variante, sei es Trabtölt, Tölt – und in diesem Fall sogar Passtölt – zu stabilisieren. Ist dieser Zwischenschritt erreicht, haben sie mehr stabilisierende Muskulatur aufgebaut. Das hilft eine solide Gangtrennung weiter zu entwickeln.
Für die Entwicklung dieser Pferde kann man leider keine generellen Angaben machen. Der Ausbilder braucht ein großes Repertoire an Ideen und muss auch manchmal einfach auf „Versuch und Irrtum" zurückgreifen.

Pferde, mit viel Trab-Veranlagung

Hat ein Pferd eine starke, gut fixierte Trab-Veranlagung oder beherrscht es Trab und Tölt zu gleichen Anteilen, hat es sich bewährt, die Grundausbildung im Trab vorzunehmen. Die diagonalen Vorführphasen des Trabs und das wechselseitige An- und Abspannen von Bauch- und Rückenmuskulatur schaffen erfahrungsgemäß den besten Zugang zu gymnastizierender Arbeit. Im Trab erlernt das Pferd die Hilfen, es bekommt Routine mit dem Reitergewicht in der Bahn und im Gelände und es erhält erste Kraft und Grundkondition. Gangpferde, die vom Trab ausgehend zum Tölt gefördert werden sollen, müssen eine sehr

solide dressurmäßige Grundausbildung haben. Bevor mit der Tölt-Ausbildung begonnen wird, sollten sie soweit in Balance sein, dass sie Biegungen im Schritt und Trab ausführen können. Seitengänge wie Schulterherein und Kruppeherein sollten mindestens im Schritt angelegt sein. Diese Pferde müssen in Versammlung fördernden Dressurlektionen lernen, die Hinterhand gut heranzuschließen, um sich zu verkürzen und mit der Hinterhand Last aufnehmen zu können. Anderenfalls können sie die für den Tölt erforderliche Energie nicht im Körper halten und würden versuchen, sich über einen weggedrückten Rücken und Unterhals Stabilität für den Tölt zu verschaffen.
Am Ende des ersten Ausbildungsjahres können bei Pferden mit dieser Gangverteilung frühestens erste gezielte Anfragen nach dem Tölt gestellt werden.

Ein erstes Ersuchen nach Tölt bietet sich bei diesen Pferden aus dem verkürzten Schritt heraus an (siehe auch Kapitel „Antölten"). Dies kann z. B. durch Übergänge Schritt-Halt-Schritt-Halt vorbereitet werden. Oft bekommt man eine kurze Töltphase, indem man wiederholt vom Trab in den Schritt und vom Schritt in den Trab „denkt". Dieses Reiten mit erhöhter Energie an der oberen Tempo-Grenze vom Schritt, also ganz kurz bevor das Pferd in eine schnellere Gangart wechseln möchte, nenne ich gerne „Schrölten". Die Schrittfrequenz wird erhöht und es kann daraus im Laufe der Zeit mit mehr Energie und Tempo ein taktklarer Tölt erarbeitet werden.
Neben dem Schrittverkürzen, ist es auch möglich, die Schritte zu verlängern und daraus zum Tölt zu kommen. Die Pferde werden mit lockerem Genick (wichtig!) und im eher horizontalen Rahmen gebeten, ihre Schrittlänge bis zum größtmöglichen Raumgriff zu erweitern. Daraus wird dann die Bewegung über Sitz und Zügel vorsichtig abgefangen. Dieses Vorgehen im Sinne der Gangart Walk wird im Kapitel „Antölten" genauer beschrieben.
Eine andere Möglichkeit ist es, den Trab durch vermehrte Anforderungen in den Biegungen oder im Versammlungsgrad zu unterbrechen, z. B. durch die Anfrage nach Traversstellungen im Trab. Das führt häufig dazu, dass die Pferde den Trab Richtung Trabtölt oder Tölt auflösen. Bei einigen südamerikanischen Gangpferderassen ist eine ähnliche Vorgehensweise rassetypisch: Sie werden auf Zirkellinien vom Trabtölt über Seitwärts-Übertreten verkürzt und zum taktklaren Tölt gefördert. Mehrfach ausgeführt, anfangs auf kurzen Strecken und immer unterbrochen wieder durch Pausen und viel Lob, lernt das Pferd über die Zeit, die Schenkelhilfe als Tritt-Verkürzung und Tölt-Hilfe umzusetzen. So kann ein Pferd stressfrei und schon ansatzweise geschlossen an den Tölt herangeführt werden. Mit mehr Routine wird man dann auch auf gerader Linie tölten können. Diese Methode erfordert einen erfahrenen, im Tölt bereits recht gut koordinierten Reiter.
Unabhängig von der Methode, sollten anfangs nur kurze Strecken im Wechsel mit Schritt am langen Zügel angefragt werden. Das Pferd muss bei der geringsten Tritt-Frequenz-Erhöhung gelobt und damit im Erlernen der neuen Gangart positiv verstärkt werden.
Wichtig: Sollte es beim Eintölten zu Momenten kommen, in denen das Pferd noch einmal in den Trab zurückfällt, darf das nie durch die Hand des Reiters kompensiert werden! (Siehe Kapitel „Taktfehler Austraben") Ursächlich hat dann der Reiter die Töltstrecke zu lang gewählt, er hat sich oder das Pferd überfordert, weil ihnen die

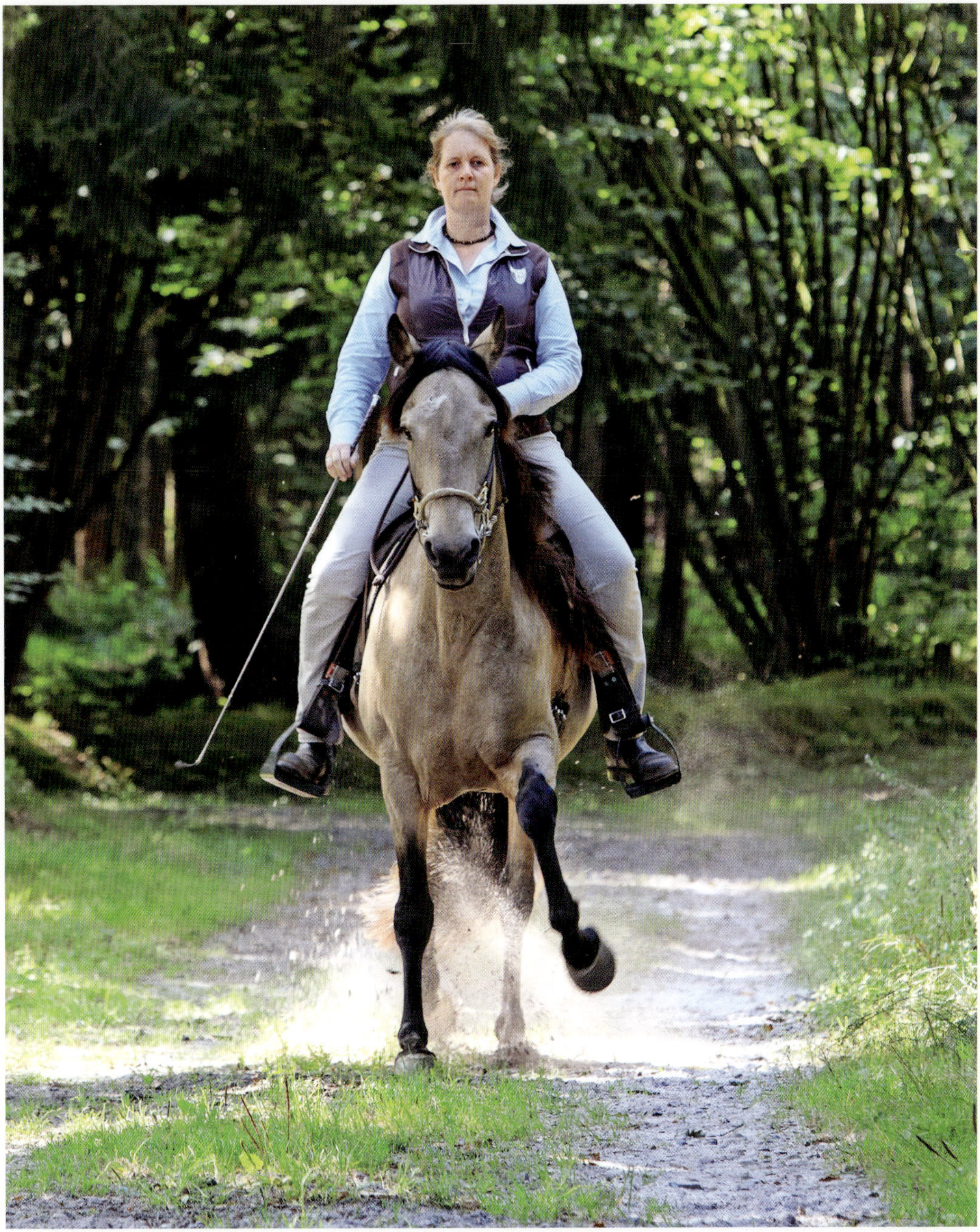

Zu Beginn der Tölt-Ausbildung bieten sich kurze Reprisen im Gelände an. Hier: Paso Peruano Jabali im Paso Llano

notwendige Muskelkraft oder Hilfenkoordination fehlte. Oder er hat mit seinen Spannung haltenden Hilfen noch nicht das richtige Timing und die richtige Dosierung gefunden. Würde in solch einer Situation das Pferd über die Hand im Tölt gehalten oder gar in den Tölt „zurückgezwungen", wäre die Hilfengebung grob und ungerecht; das Pferd bekäme Angst vor der Hand und würde den Tölt aus einem weggedrückten Rücken realisieren. Aus einem Pferd mit schöner Tölt-Veranlagung kann so ein „durchgebrochener Traber" oder sogar ein Passgänger entstehen. Es liegt am Geschick des Reiters, im Schritt und Trab Zügelverständnis, Anlehnung und Dehnungsbereitschaft abzusichern und bei der Töltausbildung sehr vorausschauend und einfühlsam zu reiten. Kann er durch erneutes Einatmen, Aufrichten, Vibrieren mit dem Schenkel sein Pferd am Austraben hindern, kann er die Töltstrecken langsam verlängern.

Pferde mit viel Pass-Veranlagung

Pferde, die viel Pass-Veranlagung haben, sei es mit oder ohne Trab- und Töltansätzen, sollten frühzeitig zum Tölt gefördert werden. Unkorrigiertes Reiten im reinen Pass oder Passtölt führt zu zunehmender Vorderlastigkeit und Rumpfversteifung des Pferdes. Durch das annähernd gleichzeitige Vorführen der gleichseitigen Gliedmaßen wird die Rumpfmuskulatur des Pferdes im Pass oder bei fortwährend gerittenen Passverschiebungen fest und unbeweglich. Die Hinterhand des Pferdes schiebt dann das Körpergewicht steif der Vorhand zu. Die Pferde werden unrittig, undurchlässig und unbequem. Unkorrigiertes, dauerhaftes Reiten im Pass leistet Rückenproblemen und unspezifischen Lahmheiten Vorschub. Daher sollte der Pass immer vermieden und Passverschiebungen auf Dauer konsequent korrigiert werden.

Wichtig zu wissen: Es gibt spannungslose und verspannte Passtölter! Die Verbesserung von Passverschiebungen setzt daher auch immer an der mentalen Einstellung des Pferdes an.

Spannungslose Passtölter zeigen sich eher energielos, müde, phlegmatisch. Ihre eher tiefe Haltung weist oft auf Introvertiertheit, Resignation, Langeweile oder mangelnde Fitness hin. Der Reiter spürt eine unnatürlich hoch-gedrückte Lende und sitzt quasi bergab. Der spannungslose Passtölter muss lernen, mehr aus sich herauszukommen, sich mehr zu präsentieren. Der Reiter muss kreativ sein, schnelle Reaktionen des Pferdes fordern und kurze, rasche Reprisen abfragen. Die Hilfengebung ist impulshaft. Wichtig ist, dass das Pferd geistig aufnahmebereit ist, so dass es fein und schnell auf Hilfen reagiert. Hier kann auch mal ein dynamisch und frei vorwärtsgerittener Galopp hilfreich sein. Er setzt häufig die nötige Emotion für einen lockeren, stolzen, freien – eben nicht in sich verkrochenen – Tölt frei. Zudem kann Rückwärtsrichten helfen, mehr Spannung und Energie aufzubauen.

Verspannte Passtölter sind gerne überdreht, hektisch, nervös, eilig. Ihre eher hohe Haltung deutet häufig auf Stress hin; sei es Unsicherheit, Überforderung, Schmerz oder grobe Einwirkung. Sie müssen mit ruhigen, lösenden, auch einmal etwas langatmigen Bewegungsabfolgen entspannt werden. Lektionen werden in einem eher längeren Rahmen und reduziertem Tempo ausgeführt. Die Hilfengebung ist entsprechend weich und nicht impulshaft. Galoppreprisen oder Rückwärtsrichten sind beim verspannten Passtölter selten zielführend, da sie noch mehr Spannung generieren. Hier hilft ein ruhiges Seitwärts-Übertreten im Schritt auf großen Zirkeln oder ein Schulterherein mit eher lösendem Charakter, d. h. in einem größeren, längeren Rahmen. Durch das vermehrte Anheben und Unter- bzw. Übertreten des inneren Hinterbeines wird die Laterale zwangsläufig aufgelöst zum Viertakt.

Passige Pferde müssen lernen, sich gut zu koordinieren. An der Hand und mit Reiter können sie durch Biegungen in Innen- und Außenstellung sowie vor allem im Schulterherein im Schritt gut beweglich gemacht werden. Hier kann auch Arbeit im Trail-Parcours, z. B. am Tor oder in einem Stangen-L, sehr hilfreich sein. Im Gelände sind diese Pferde zu fördern, indem sie auf unebenem, auch mal tiefem

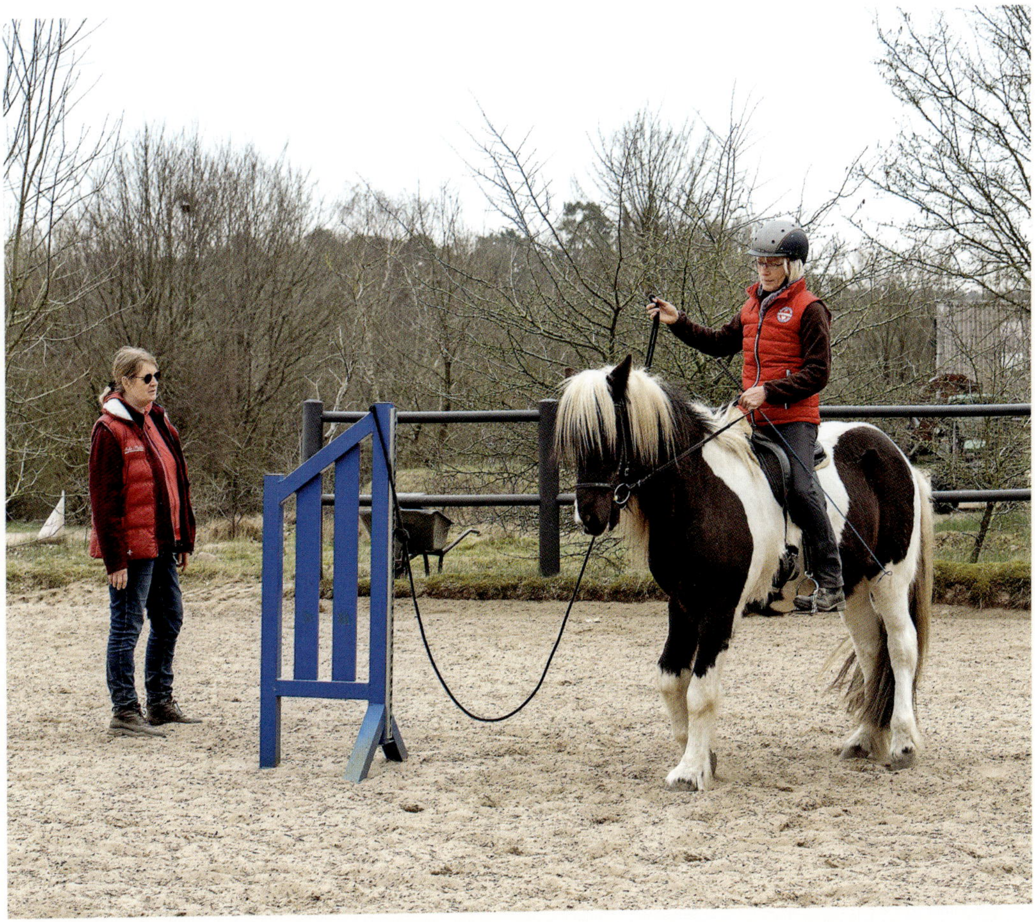

Das Training feiner Reaktionen und guter Hilfenannahme, z. B. im Trail-Parcours, hilft passveranlagten Töltern sich besser zu koordinieren. Hier: Islandpferd Tjaldur und Claudia Laukotka

Boden oder im Unterholz beweglich im Rücken gemacht werden. In der Bodenarbeit kann das freie Laufen über niedrige Bodenricks dem Pferd eine erste Idee für ein diagonalisiertes Bewegungsgefühl geben. Diese Arbeit muss sehr vorsichtig umgesetzt werden, um ein schlecht balanciertes Pferd nicht zusätzlich zu verunsichern. Es sollte mit wenigen Stangen und in sehr ruhigem Tempo begonnen werden.

Unterstützend können bei dieser Gangverteilung Glocken oder Ballenboots an der Vorhand eingesetzt werden.

Im besten Falle findet das Pferd nach diesen vorbereitenden Maßnahmen in einen Trab. Mit diesem baut man Rückenmuskulatur auf und kann dann später aus einem verkürzten oder verlängerten Schritt das Pferd zum Tölt fördern (siehe Kapitel „Antölten").

Bei vielen Pferden wird man aber auch direkt im passverschobenen Gang arbeiten müssen, weil ihnen im mittleren Tempobereich gar nichts anderes zur Verfügung steht. Entscheidend ist, dass diese Pferde in der Vorhand beweglich und in der Hinterhand schneller gemacht werden. Dafür bietet es sich an, auf gebogenen Linien abwechselnd die Schulter und die Hinterhand seitlich zu verschieben, so dass die Beine jeweils kreuzen müssen. Das Genick muss beweglich gehalten werden, z. B. durch wiederholtes Wechseln von Innen- zu Konterstellung. Auch das Reiten von sanften, flachen Schlangenlinien bietet sich an.

Wenn der Galopp brauchbar ist, kann zwischendurch eine flotte Galoppade den Rücken dieser Pferde lockern. Ist der Trab bereits abrufbar, kann man diese Pferde durch entsprechende Hilfengebung immer mal wieder „zum Trab denken" lassen; das löst etwaige Spannungen im Rücken und Passverschiebungen wieder auf.

Extra-Info: Rennpass

Der Vollständigkeit halber sei hier auch der Rennpass kurz erwähnt. Rennpass ist der im Renntempo ausgeführte Pass. Er unterscheidet sich vom unerwünschten, langsamen Pass durch eine Sprungphase und vermehrte Streckung im ganzen Körper.

Tatsächlich hat der Rennpass eigentlich mehr mit Tölt zu tun als mit Pass. Bei genauer Betrachtung (Video Zeitlupe) erkennt man, dass der Rennpass im Gegensatz zum langsamen Pass kein Zweitakt ist, sondern ein Viertakt. (Hi li, hi li-vo li, vo li, Sprungphase, hi re, hi re-vo re, vo re, Sprungphase.) Diese Gangart wird vor allem beim Islandpferd geschätzt und auch in Prüfungen vorgestellt. Aber auch andere Gangpferde können über Rennpass verfügen (z. B. Töltende Traber, Aegidienberger). Eine Rennpass-Ausbildung sollte erst nach der abgeschlossenen Grund- und Tölt-Ausbildung erfolgen.

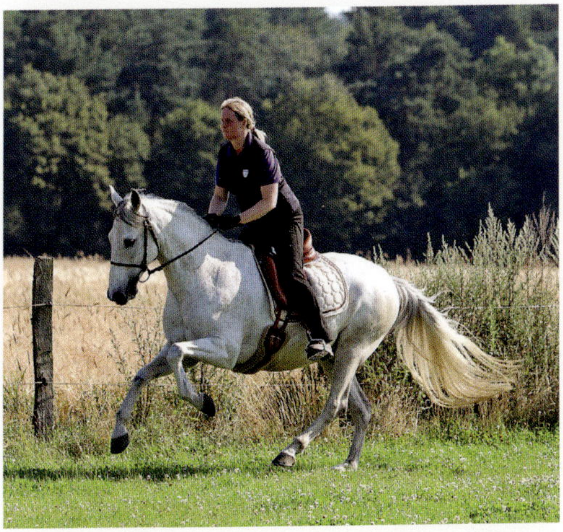

Eine flotte Galoppade hilft den Pferderücken zu lockern und das Pferd für den Tölt „anzuschalten". Hier: Paso Iberoamericano Nuno.

Pferde, die nur Trab-Veranlagung zeigen

Die Genetik bringt auch einmal (Gang-)pferde hervor, die nicht die geringste Veranlagung zum Tölt erkennen lassen. Es ist eine Frage der persönlichen Einstellung, ob ein „Eintölten" gerechtfertigt ist, nur weil in den Papieren Gangpferd steht. Die Grenzen zwischen dem Kultivieren einer Veranlagung und unangemessener Manipulation können fließend sein. Eine pferdegerechte Option ist es, Pferde mit dieser Gangverteilung als Dreigänger mit Schritt, Trab und Galopp zu belassen.

Zu spät eingetöltet?

Manche Reiter fürchten, dass ihr Pferd den Tölt „verliert", wenn sie nicht frühzeitig mit dem Tölten beginnen. Da die Tölt-Veranlagung genetisch angelegt ist, wird ein Pferd sie nicht verlieren!

Trotzdem kann es natürlich auch Nachteile haben, erst nach sehr weit fortgeschrittener Ausbildung in den Grundgangarten mit der Tölt-Ausbildung zu beginnen. Ein Pferd, bei dem etwaige, natürliche Taktverschiebungen Richtung Tölt bewusst unterbunden werden, wird den Tölt kaum mehr von sich aus anbieten. Wenn der Reiter dann später mit der Idee des Töltens kommt, wird das Pferd eine längere Zeit brauchen, um zu verstehen, dass ein „neues, altes" Bewegungsmuster gefordert ist. Geduld und Erfahrung beim Ausbilder vorausgesetzt, führt spätes Eintölten jedoch meist zu sehr schönen und gut in der Kraft arbeitenden Töltern.

3. Eintölten – so bitte nicht

Wer sich ein Gangpferd kauft, möchte tölten. Natürlich. Leider führt das manchmal dazu, dass sich Reiter zu extrem eiligem oder frühzeitigem Eintölten hinreißen lassen. Den Pferden fehlen dann noch die Kraft und das Hilfenverständnis, um sich für die notwendigen Nuancen von Tempo und Rahmen reell zu verkürzen. Sie werden stattdessen durch energisches Vorwärts und deutliche Zügelhilfen im Rücken verspannt und dadurch in den Tölt gebracht. Oder sie werden bewusst in den Pass hineingeritten, um diesen über Gewichte an der Vorhand und viel Tempo wieder zum Tölt aufzulösen. (Teilweise verstärkt durch Kandaren, Hilfszügel, Doppellongen oder zu weit hinten aufgelegte Sättel.) Ein solches Vorgehen ist indiskutabel, da es gesundheitsschädigend und extrem stressbelastend für die Pferde ist. Es erfordert in der Korrektur viel mentale und körperliche Aufbauarbeit. (Siehe auch Kapitel „Ungesunde Haltungen im Tölt")

Extra-Info: Tribulieren

Falsch verstandenes (Ein-)Tölten kann zu der Bewegungsstörung „Tribulieren" führen. Das Pferd verspannt sich mehr und mehr zum Pass, bis es soweit kommt, dass das Hinterbein dort aufsetzen müsste, wo das gleichseitige Vorderbein noch steht. Dies vermeidet das Pferd, indem das Hinterbein für eine Bewegungsphase aussetzt/in der Luft bleibt. Der Reiter spürt dieses Aussetzen als ein unangenehmes Werfen im Sattel. Danach läuft das Pferd in der vorherigen Gangart weiter. Die Ursache für Tribulieren kann in Bewegungseinschränkungen im Lenden- und Beckenbereich liegen; in diesem Falle wäre eine Osteopath/Physiotherapeut des Vertrauens hinzuzuziehen. Tribulieren ist jedoch oft ein Bewegungsvorgang, der durch zu viel Spannung im Tölt oder im Galopp entstehen kann. Ich zähle Tribulieren daher nicht zu den Taktfehlern, sondern eher zu den Reiterfehlern. Auslöser sind zumeist grobe oder untaktmäßige Zügelhilfen, Überforderung im Tempo, mangelndes Untertreten der Hinterhand in der Biegung. Zur Korrektur sollte in erster Linie langsamer und gefühlvoller geritten werden.

4. Haltung beim Eintölten

Die Haltung eines Pferdes, das das Tölten gerade erst erlernt, wird häufig noch recht frei sein. Es wird noch nicht über den Rücken gehen, den Rücken zwischenzeitlich auch noch mal festmachen, es wird noch mal Takt und Anlehnung verlieren und noch nicht zur Losgelassenheit finden. Wie bei einem Dreigänger, der im Trab angeritten wird, sind diese Takt- und Haltungsunsicherheiten Momente auf dem Weg zum gesunden Tölt. (Siehe Kapitel IV „Formgebung im Laufe der Tölt-Ausbildung")

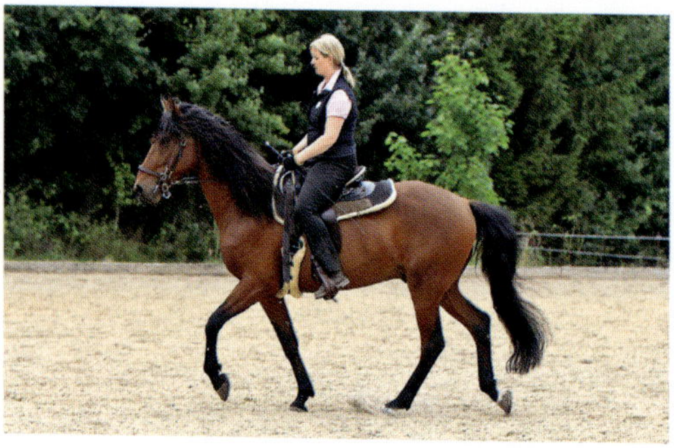

Beginn der Tölt-Ausbildung: eine recht hohe, freie Haltung, die jedoch nicht vom Reiter initiiert wurde. Mangalarga Marchador Rivaldo in der Marcha Picada.

Ich unterscheide in der Phase des „Eintöltens" zwischen „verspannt zu hoch" und „locker zu hoch". „Verspannt zu hoch" ist ein Pferd, das über die Reiterhand in einen Bewegungsablauf gezwungen wird, den es von der Genetik, dem Hilfenverständnis, der Kraft und Koordination her nicht halten kann. „Locker zu hoch" ist ein Pferd in der freien Selbsthaltung, das sich bemüht, den Viertakt zu finden, dazu aber noch eine recht freie, hohe Haltung braucht. Eine im Prinzip zu hohe Haltung, die es aber ohne Druck und Handeinwir-

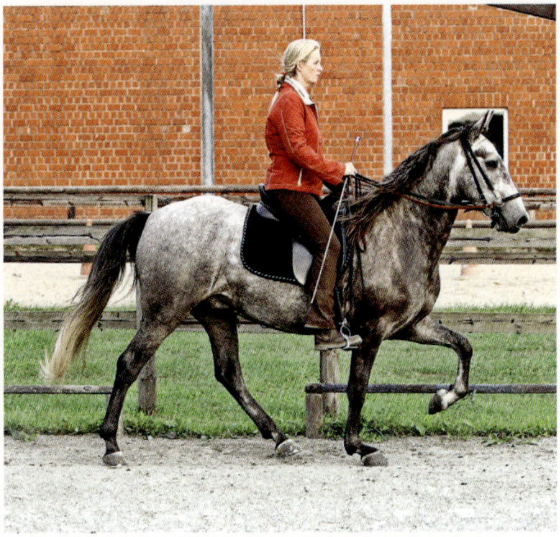

Paso Iberoamericano Nuno, 5-jährig, zu Beginn seiner Tölt-Ausbildung, ausgerüstet mit Kolumbianischen Bosal und Trense.

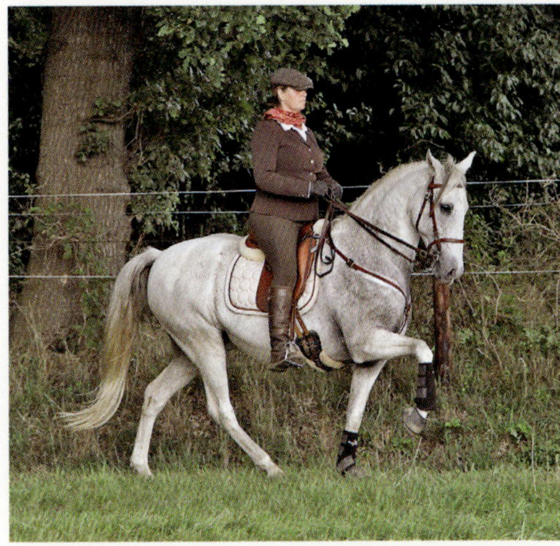

Paso Iberoamericano Nuno, 15-jährig, nach einigen Jahren Tölt-Training, ausgerüstet mit Portugiesischer Kandare 4-zügelig.

kung des Reiters angenommen hat. Von dort aus wird dann in die Gymnastizierung im Tölt eingestiegen und das Pferd baldmöglichst in ein horizontales Gleichgewicht gebracht. (Siehe auch Kapitel „Tragfähigkeit im Tölt")

5. Eintölten unterstützen

Es gibt verschiedene Möglichkeiten, das Pferd beim Erlernen des gewünschten Viertakts zu unterstützen. Als Ausbilder gilt es hier auszuprobieren, was dem individuellen Pferd am besten hilft. Manche Pferde tölten lieber auf hartem Boden (z. B. viele Isländer), manche tölten lieber auf weichem Boden (z. B. viele Pasos). Manch ein passiges Pferd findet den Tölttakt leichter bergauf, manch trabige Pferde finden ihn besser bergab. (Ausnahmen bestätigen die Regel.) Man kann auch eine bestimmte, immer gleiche „Töltstrecke" festlegen: Auf Dauer wissen die Pferde dann schon vorab, dass immer dort der Tölt gefragt ist. Um dem Pferd beim Mitdenken zu helfen, kann man auch zum Tölt-Üben immer die gleiche Ausrüstung anlegen (z. B. immer eine Zäumung mit Nasen-Zügel oder immer den Balancezügel dazu nehmen oder immer Glocken anziehen u. v. m.). So kann es schon daran ablesen, welcher Gang heute wohl gefordert ist. Wenn ein wenig Go oder Temperament zum Tölten fehlen, kann man auch mal in einer größeren Gruppe tölten oder gar den „Heimdrang" des Pferdes ausnutzen und Richtung Heimat tölten. (Vorsicht: Das kann nach hinten losgehen!) Hilfreich ist auch häufig ein routinierter, taktsicherer Begleit-Tölter: Pferde lernen auch durch Abhören und Abschauen. Gewichtshilfen in Form von Eisen, Glocken oder Ringen an der Vorhand können unterstützen, Passverschiebungen zu vermeiden. Gewichte an der Hinterhand können helfen, Trabverschiebungen zu korrigieren. (Siehe Kapitel „Ausrüstung")

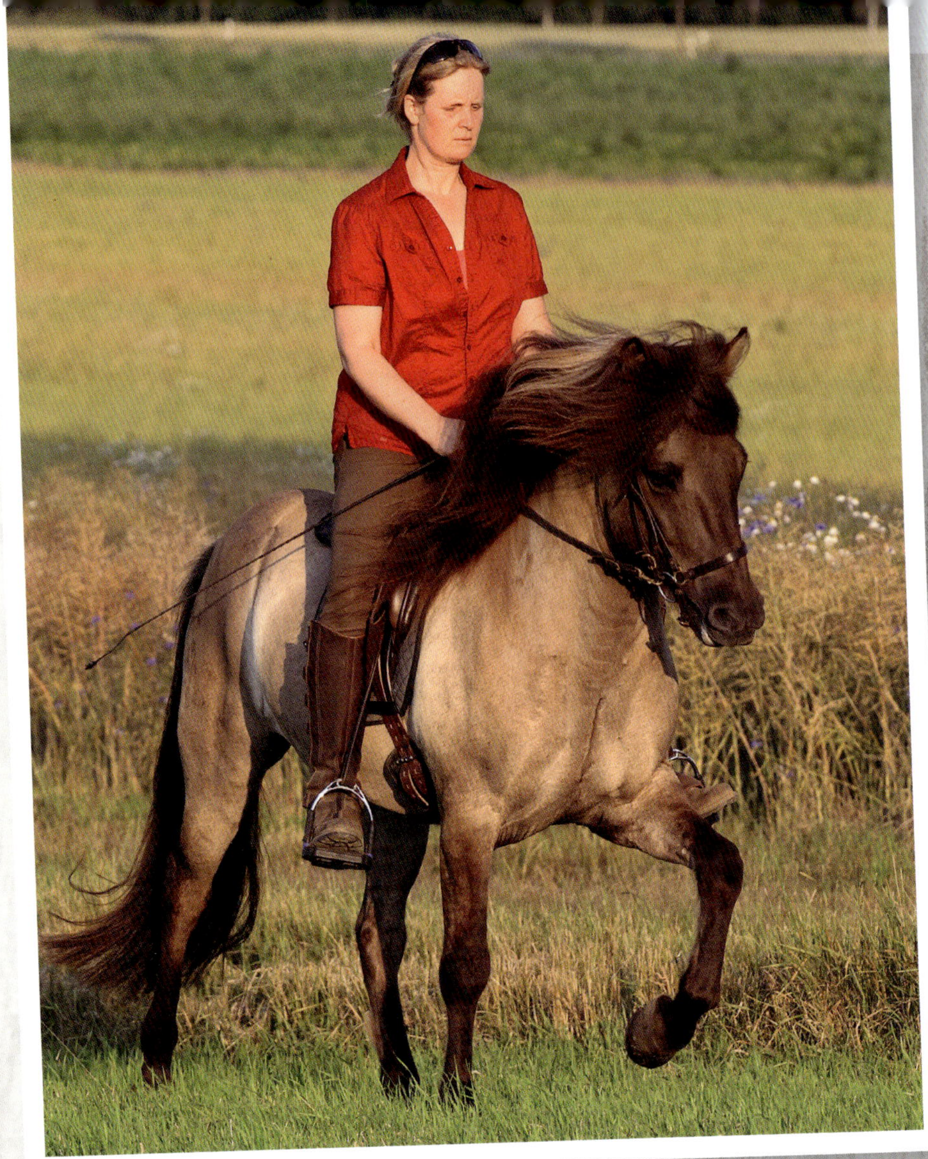

Islandpferd Gandur

III. Herausforderungen **im Tölt-Alltag**

1. Der Sitz im Tölt

Der Sitz im Tölt entspricht dem klassischen, dressurmäßigen Sitz: Der Reiter sitzt aufgerichtet im Lot Schulter-Hüfte-Absatz. Wichtig für den Tölt ist ein gut bewegliches Becken in Mittelpositur, um der entstehenden dreidimensionalen Beckenbewegung gut folgen zu können. Der Bewegungsablauf und die Trittfrequenz im Tölt sind sehr schnell, so dass der Reiter die Beckenbewegung kaum AKTIV steuern kann. Entscheidend ist, dass der Reiter sich im Becken „bewegen lässt" und damit den Tölt „zulässt". Eine Blockierung dieser Beckenbewegung kann zu Taktfehlern wie Passtölt, Trabtölt, Austraben oder einer Galopprolle führen.

> Wer mehr für sein bewegliches Becken tun möchte, kann mit dem Hula-Hoop-Reifen oder auf einem Gymnastikball trainieren.

Die Herausforderung des Tölt-Sitzes ist, dass der Reiter Körperspannung aufbauen muss, ohne dabei die Beweglichkeit im Becken zu verlieren. Viele Taktfehler oder Probleme beim Antölten entstehen, weil der Reiter seine eigene Körperspannung nicht differenziert dosieren kann: entweder ist er komplett locker oder komplett fest. Beides wird dann leicht über eine zu starke Zügeleinwirkung kompensiert. Eine gute Körperspannung generiert sich aus einem aufgerichteten Becken und einer Anspannung der unteren Bauchmuskulatur und des Beckenbodens. Die Gesäßmuskulatur bleibt dabei locker. Zeitgleich ist die Brustwirbelsäule stabil aufgerichtet.

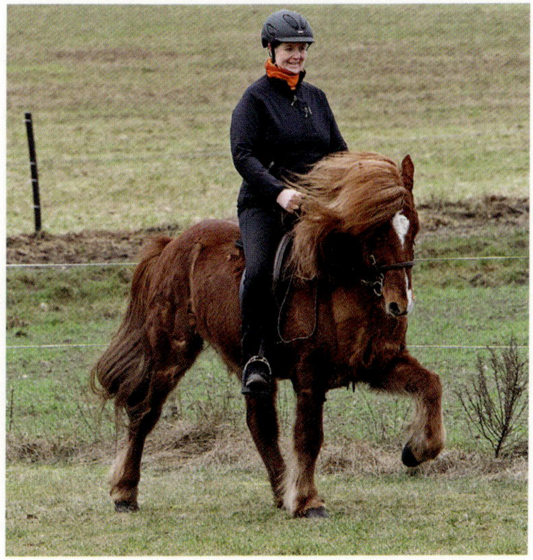

Zum Tölten braucht man eine Kombination aus beweglichem Becken und einem stabilen Oberkörper. Islandpferd Narri

Diese Kombination von beweglichem Becken mit einem stabilen Oberkörper und abgestimmt einwirkenden Beinen und Händen erfordert eine sehr gute Körperkoordination. Gelingt das richtige Zusammenspiel zwischen Beckenbewegung und Oberkörperspannung, dann sieht man eine typische schnelle Vor-Zurückbewegung der lockeren Oberschenkel im Tölt. Der treibende Schenkel im Tölt ergibt sich aus diesem „Bewegt-werden" des Oberschenkels in Kombination mit einer bei Bedarf impulshaft einwirkenden Wade.

> Wer mehr für seine stabile Körpermitte tun möchte, kann die Übungen aus dem Pilates, die das „Power House" aufbauen, in sein Training integrieren.

Extra-Info: Atmung und Schritt-Pausen

Gaaaanz wichtig: weiter atmen! Wenn das Tölten und der Tölt-Sitz noch nicht perfekt sind, werden die Reiter oft sehr kurzatmig. Ursache ist häufig erhöhte Konzentration. Oder der Reiter versucht durch kurzes, hohes In-den-Brustkorb-Atmen vorübergehend eine mangelnde Körperspannung ausgleichen. Wenn man dies bemerkt, dann die Tölt-Reprisen einfach kürzer halten. Öfter mal Schritt-Pausen einlegen und wieder neu antölten. Nicht nur das Pferd muss lernen, eine Körperspannung gleichmäßig beizubehalten, sondern auch der Reiter. Da ist es nur fair, auch seine eigene Kondition zu berücksichtigen und vermeintliche Taktfehler nicht alleine dem Pferd anzulasten.

2. Antölten

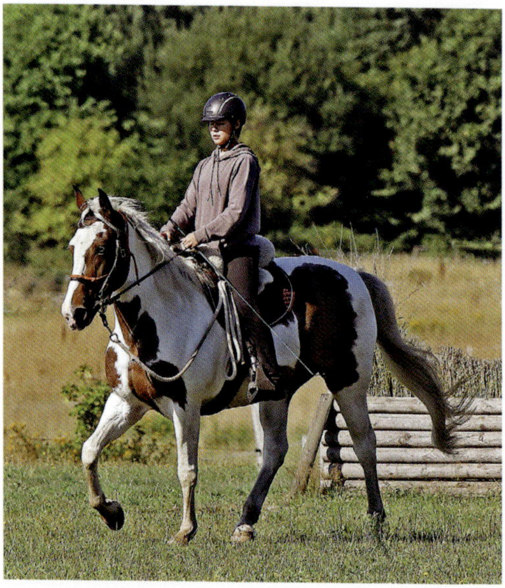

Antölten bedeutet, eine erhöhte Spannung, Trittfrequenz und Aufrichtung beim Pferd zu erbitten. Spotted Saddlehorse Jojo mit Marlene Schubsda

Die Tölt-Hilfe

Eine große Herausforderung beim Antölten ist, dass es nicht DIE Tölt-Hilfe gibt. Das Antölten ist von Pferd zu Pferd so unterschiedlich, dass man keine generelle, immer gleich funktionierende Hilfe definieren kann.

Anders als bei einem dreigängigen Pferd ist die Gangart im mittleren Tempobereich beim Gangpferd nicht taktrein fixiert. Wenn man ein Gangpferd aus dem Schritt antreibt, geht es vielleicht Trab, vielleicht Tölt, vielleicht Pass, vielleicht Trab-Tölt, vielleicht Pass-Tölt, vielleicht Tölt mit Galopprolle oder auch ein dauerndes Wechseln aller Takt-Varianten ... Macht man das gleiche mit einem dreigängigen Pferd, wird es vermutlich in den Trab fallen. Dieser ist dann vielleicht nicht schön, sondern lang oder auseinandergefallen – aber es ist Trab.

Unabhängig davon, in welchem Tempo oder mit welchem Ausdruck der Tölt ausgeführt werden

soll, beinhaltet er immer eine vermehrte Körperspannung, eine erhöhte Trittfrequenz und eine deutliche Aufrichtung
Antölten bedeutet daher, durch Hilfengebung im Pferd diese drei Elemente herzustellen. Hat ein Pferd dabei die entsprechende Genetik und der Reiter das entsprechende Einfühlungsvermögen, dann wird das Pferd – zumindest für einige Schritte – antölten.

Es hat sich bewährt, die drei Faktoren Spannung, Frequenz und Aufrichtung in eben dieser Reihenfolge herzustellen: als erstes die Erhöhung der Körperspannung bei Reiter und Pferd, dann die Aktivierung der Hinterhand, um den Rahmen zu verkürzen und die Schrittfrequenz zu erhöhen. Daraus ergibt sich dann drittens die passende Aufrichtung ohne aktive Einwirkung mit der Hand.

Extra-Info: Vorwärts, Temperament und Tempo

Häufig wird gesagt, ein Pferd brauche ein gewisses Temperament und Tempo zum Tölten. Das Pferd würde im flotten Vorwärts seine Balance im Tölt finden. Temperament im Sinne eines gesunden Vorwärtswillens kann für den Tölt hilfreich sein. Es erleichtert die Erhöhung der Körperspannung und der Trittfrequenz, ohne Gefahr zu laufen, einen guten Bewegungsfluss zu verlieren. Temperament ist jedoch missverstanden, wenn es als schnelles, nahezu unkontrolliertes Tempo umgesetzt wird. Temperament ist der kooperative Wille fleißig zu sein, seine körperliche und mentale Kraft für den Reiter einzusetzen. Es wird zu häufig falsch verstanden als nahezu unkontrolliertes Rennen. Richtig ist, dass jedes Pferd, gerade zu Beginn seiner Tölt-Ausbildung, ein bestimmtes Tempo hat, in dem es am leichtesten töltet. Das eine schneller, das andere langsamer. Dieses Tempo gilt es herauszufinden. Das Vorwärts ist dabei jedoch nicht gleichbedeutend mit schnell, sondern mit kraftvoll und willig nach vorne arbeitend.

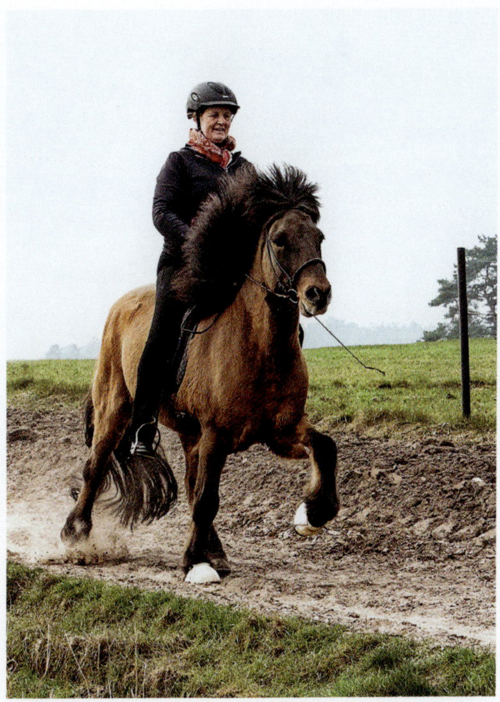

Tempo und Temperament dürfen nicht mit unkontrolliertem Vorwärts verwechselt werden. Islandpferd Alsvinur

Stabilisierung in Tempo und Rahmen

Diese Vorgehensweise eignet sich für Naturtölter, für Pferde mit viel Tölt und wenig Trab, für Pferde, die Tölt- und Pass-Veranlagung zu gleichen Anteilen haben und auch für Pferde, die alle Gangarten mischen („Gangsalat"). (Siehe Kapitel „Eintölten")

Diese Pferde brauchen weniger Körperspannung als Pferde mit einer anderen Gangverteilung. Der gewünschte Viertakt stellt sich mit relativ geringer Einwirkung seitens des Reiters ein. Entscheidend ist es, das richtige Gangmaß und den richtigen Rahmen herauszufinden, in dem das Pferd am leichtesten einen taktklaren Tölt hält. So gibt es z. B. Gangverteilungen bei denen das Pferd im langsamen Tempo Pass geht, wird es etwas schneller, wechselt es in den Tölt. Wird es noch schneller, fällt es in den Trab. Je nach gewünschtem Gang muss der Reiter daher die Hilfengebung anpassen. Der Reiter tastet sich aus dem Schritt heraus vorsichtig mit Sitz und Zügellänge an ein Tempo und einen Rahmen heran, die dem Tölt am besten entsprechen.

Den Schritt verkürzen

Unabhängig von vermehrt trabiger oder passiger Veranlagung, hat sich diese Vorgehensweise bewährt bei Pferden, die mit viel Schub und Vorderlastigkeit unterwegs sind. Der Übergang vom Schritt in den Tölt gelingt dann

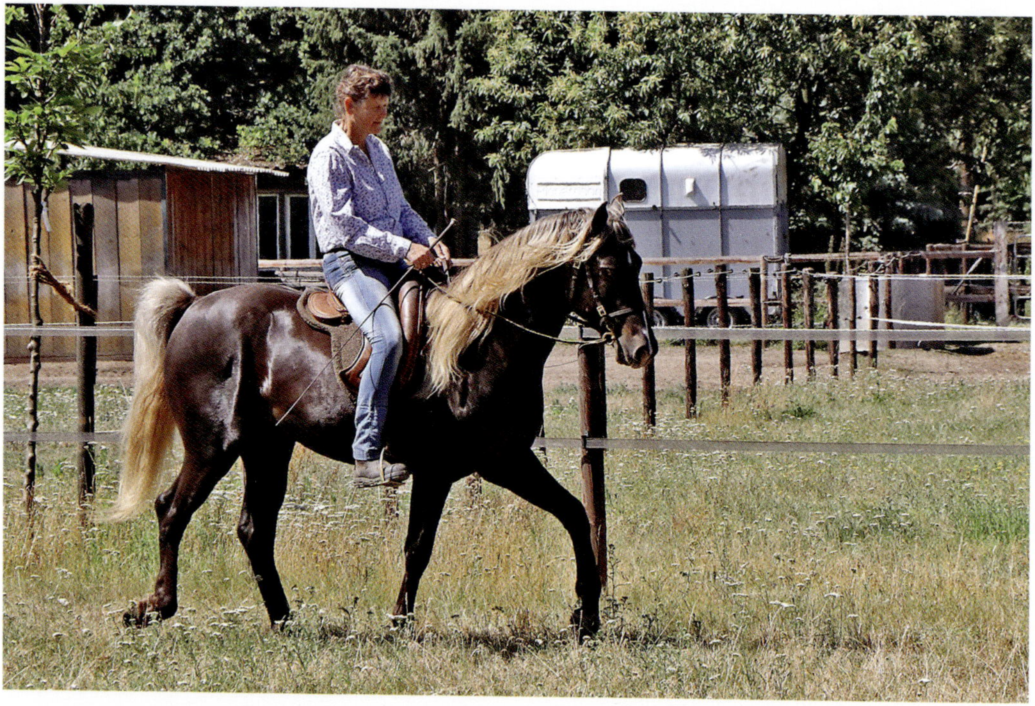

Zum Antölten eines Naturtölters braucht der Reiter ein gutes Gespür für das richtige Tempo und den richtigen Rahmen. Rocky Mountain Horse Storm mit Ellen Vierhaus

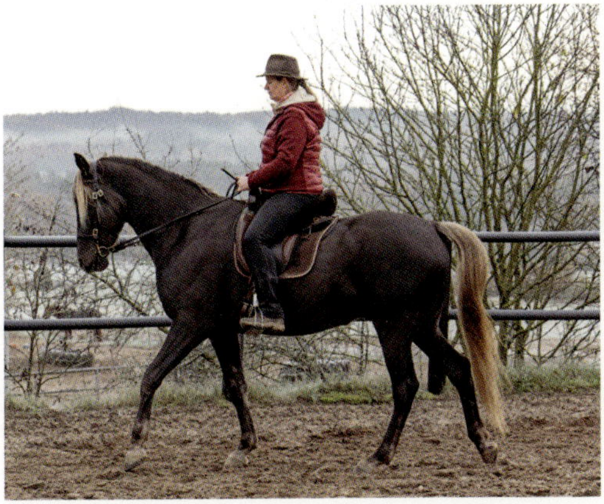

Den Schritt verkürzen, um das Antölten vorzubereiten, Rocky Mountain Horse Roaming Eddy. Foto: Karen Diehn

harmonisch, wenn er ohne Balanceverlust stattfindet. Der Reiter beginnt damit, das Pferd durch gymnastizierende und graduell versammelnde Übungen im Schritt, wie z. B. Volten, Schlangenlinien, Achten, Viereck-Verkleinern/-Vergrößern, Schulterherein, Übergänge Schritt-Halt oder Halt-Rückwärts vorzubereiten. Pferd und Reiter müssen in die Konzentration geholt werden. Es hat sich bewährt, kurz vor dem Antölten das Pferd zwei- bis dreimal rückwärts zu richten. Etwas phlegmatische Pferde können zur Vorbereitung auch mehrmals für kurze Strecken angaloppiert werden.

Anzeichen dafür, dass das Pferd ausreichend vorbereitet wurde, sind, wenn es trotz verkürzten Rahmens und verkürzter Schritte leicht bleibt in der Hand, wenn der Reiter spürt, dass sich Energie unter ihm sammelt, das Pferd möchte willig vorwärtsgehen, wenn es sich im besten Falle aus dem Brustkorb leicht hebt (nicht den Kopf-Hals allein erhebt!) und der Reiter dieses Anheben im Sattel vor sich spürt. Die Reiterhand ist nicht aktiv, allenfalls minimal erhoben, um mit der Zügellinie der erhöhten Haltung des Pferdekopfes zu folgen. Über den Sitz durch Einatmen, Becken- und Brustbein-Aufrichten wird nun die Körperspannung beim Reiter erhöht und mit einem vibrierend-treibenden Schenkel können nun schnellere Tritte gefordert werden, evtl. unterstützt durch ein motivierendes Stimmkommando.

Wenn das Pferd so vorbereitet ist, wird es voraussichtlich für einige Schritte antölten. Das Antölten wird sehr geschmeidig, wenn es direkt aus einer Volte oder dem Schulterherein erfolgt. Es erfolgt nicht ruckartig, sonders es ist ein sanftes „In-den-Tölt-Hineinreiten".

Den Schritt verlängern

Dieser Weg bietet sich bei Pferden an, die mit einem großen Gangmaß im Schritt unterwegs sind, z. B. viele Isländer, Speedracker, Rocky Mountain Horses oder Töltende Traber. Es ist aber auch ein guter Weg, um stark passige Pferde zu korrigieren, die eine treibende Hilfe fälschlich in ein Hochdrücken der Lende, Auf-die-Hand-Legen und Durchfallen des Brustkorbs umsetzen. Bei Tennessee Walkern und Paso Peruanos ist es die natürlichste Methode, ihren rassetypischen Running Walk oder Paso Llano zu erarbeiten.

Für wenig erfahrene Reiter ist es ebenfalls eine sehr gute, weil wenig fehleranfällige Methode, um anzutölten oder den Tölt zu entwickeln.

Bei dieser Methode werden die Pferde gebeten, ihre Schrittlänge mit lockerem Rücken und Genick bis zum größtmöglichen Raumgriff zu erhöhen. Dies entspricht der nordamerikanischen Gangart Walk. Hierzu gibt der Reiter einen weichen, ruhigen Schenkeldruck im Schritt-Takt, hält eine gut bewegliche Mittelpositur und treibt das Schritt-Tempo bis an die Grenze heran, wo das Pferd in den Trab oder Pass wechseln würde. Sollte das passieren, nimmt er die Anforderungen heraus und tastet sich erneut an das höchstmögliche Tempo heran. Wird dann mit etwas mehr Energie nachgetrieben und der Reiter bremst über die Bauchmuskulatur sein Mitgehen in der Lende und im Becken etwas ab, so wird das Pferd antölten. Wenn nötig, kann die Nickbewegung aus Hals- und Schulter mit der Hand zusätzlich weich abgefangen werden.

Extra-Info: Walk

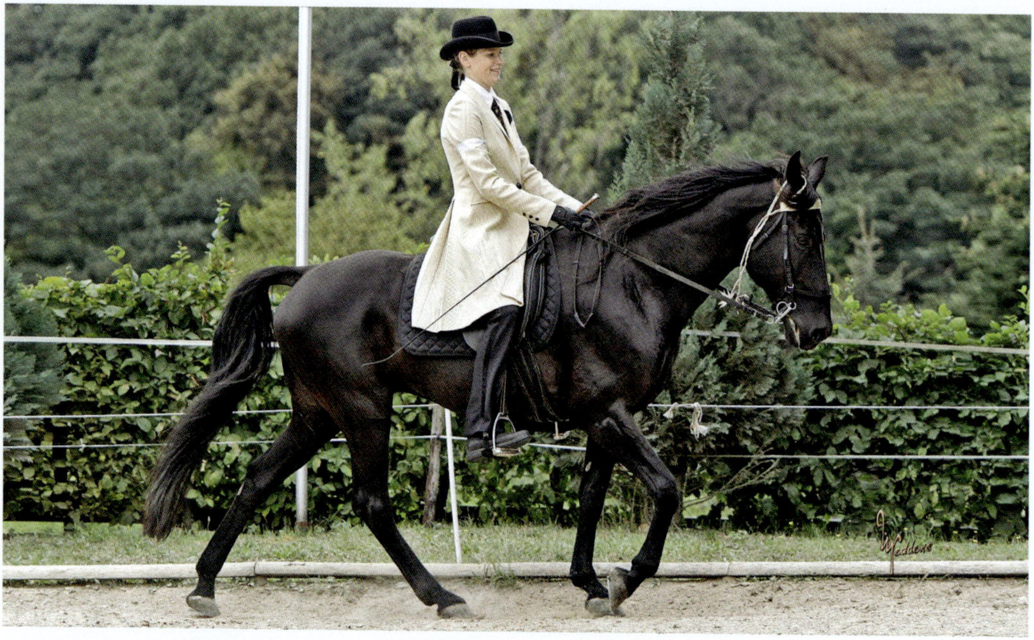

Walk ist nicht nur der rassetypische Gang des Tennessee Walkers, er kann auch als „verlängerter Schritt" zur Vorbereitung des Antöltens helfen. Tennessee Walker Yahoo mit Anna Holstermann im Flat Foot Walk

Walk ist ist der rassetypische Gang der Tennessee Walker und Missouri Fox Trotter. Auch viele Isländer, Rocky Mountain Horses und Töltende Traber beherrschen ihn. Er entspricht in Fuss- und Phasenfolgen dem Schritt, wird aber schneller ausgeführt. Er ist vergleichbar mit der Sportart der „Geher“: große, schnelle Schritte, jedoch keine Sprungphase. Ein guter Walk zeichnet sich durch ein sehr flaches und weites Untertreten der Hinterhand aus. Dazu kommt ein charakteristisches Kopfnicken, der so genannte Headnod.

… und dann ewig weiter tölten …

Abhängig von Ausbildungsstand, Geschick und Fitness von Pferd und Reiter werden die Töltstrecken mal länger oder kürzer ausfallen. Sowohl Pferd als auch Reiter brauchen zum stabilen Tölten Kraft und Koordination. Sollte das Pferd nach einigen Töltschritten „auseinanderfallen“, sich auf den Zügel legen, trabig oder passig werden, pariert man zum Schritt durch, macht eine kurze Pause und töltet nach erneuter Vorbereitung wieder an.
Gerade zu Beginn der Tölt-Übungen ist es für Pferd und Reiter wichtig, häufig Pausen zu machen. Das schont die Kräfte beider, führt zu mehr Erfolgserlebnissen und damit Motivation. Viele Übergänge sind „nebenbei“ auch noch hervorragend gymnastizierend. Mit der Zeit sammeln Pferd und Reiter Erfahrungen, wie lange sie tölten können, bevor sich Schwäche oder Taktverlust einstellen. Das Pferd darf den Tölt nie mit Überforderung, „Durchhaltenmüssen“, schmerzhaften Zügeleinwirkungen oder druckvollem Schenkeleinsatz verbinden. Um den Tölt stabil und über längere Strecken beizubehalten, hilft die Vorstellung „im Tölt erneut anzutölten“, also immer noch mal kurz Spannung erhöhen, kurz nachtreiben, Hand stabil mit der Bereitschaft jederzeit nachzugeben. Zusätzlich muss das Reiterbecken fortwährend in der sogenannten „Achter-Rotation“ mobil bleiben.

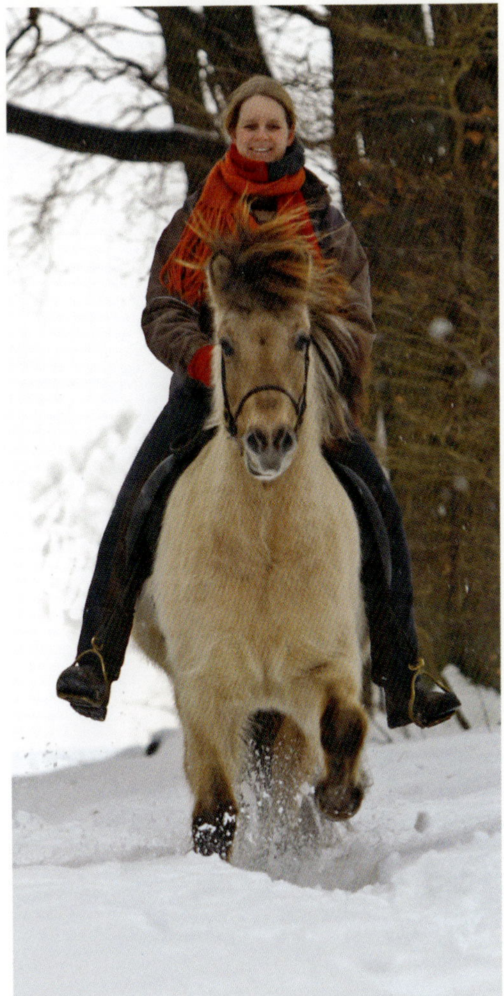

Ist der Viertakt einmal gefestigt, können Pferd und Reiter ermüdungsfrei lange Strecken tölten. Islandpferd Alrun

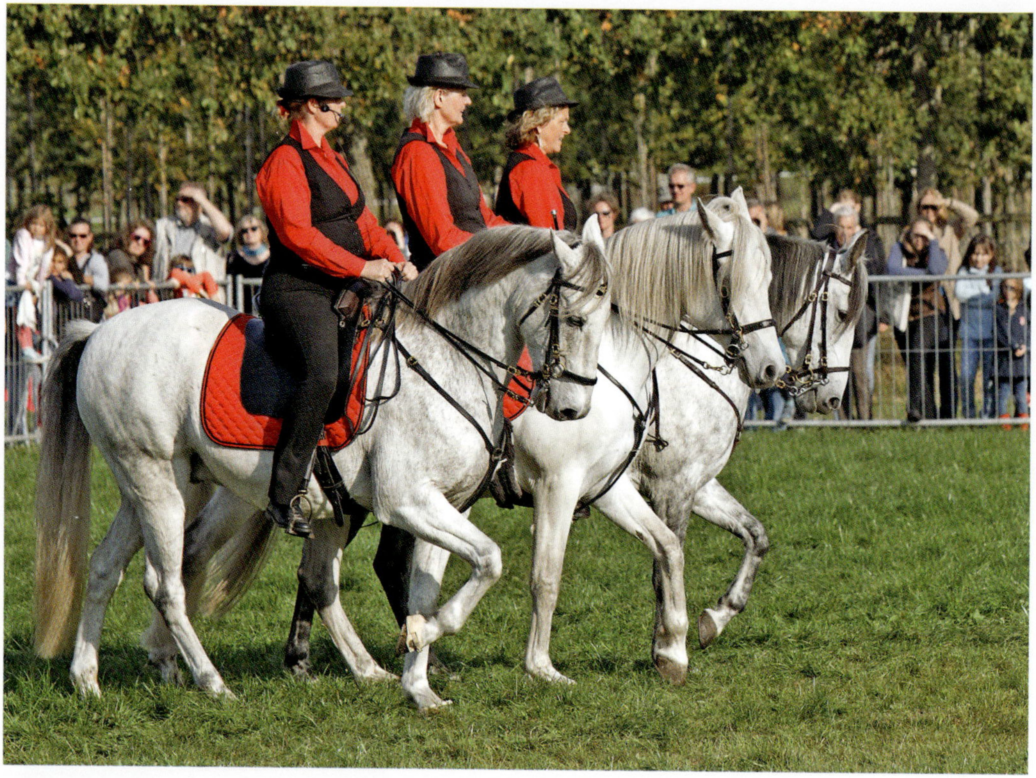

Zeitgleiches Antölten in einer Gruppe erfordert eine fortgeschrittene Tölt-Ausbildung.
Hier: Pas de Trois mit Paso Iberoamericano Nuno, Mangalarga Marchador Genio und Paso Fino Quinta

Extra-Info: Töltenlernen dauert!

Töltenlernen dauert, wenn man es entspannt, harmonisch und gesund für das Pferd erarbeiten möchte. Es ist Geduld gefragt! Ich möchte keinen frustrieren, aber auch nicht drumherum reden: Vernünftig anzutölten ist eine komplexe Angelegenheit. Tölt-Einsteiger sollten, wenn irgend möglich, erst einmal auf einem sicher töltenden Pferd das „Bewegungsgefühl Tölt" erfühlen lernen. Beim Erlernen des Tölt-Reitens ist es wichtig, einen Trainer an der Seite zu haben. Dieser hilft dabei, die Eindrücke abzugleichen, indem er Phasen mit gutem, taktklarem Tölt ausdrücklich benennt, sodass der Reiter sein Fühl- und Hörbild damit verbinden kann.

Extra-Info: Alte Märchen

Noch immer geistert bei der Erklärung der Tölt-Hilfen die Anweisung herum: „Zurücksetzen im Sattel, Hand anheben, hinten Treiben, vorne Gegenhalten". Nein, bitte nicht! Wie oben beschrieben entsteht der Tölt nicht durch ein Feststellen des Pferderückens bei Druckmachenden Hilfen.

3. Takt erkennen

Taktklarheit ist DIE große Herausforderung beim Tölten! Taktklarer Tölt bedeutet, dass sich das Pferd in einem gleichmäßigen Viertakt befindet. Jedes einzelne der vier Pferdebeine befindet sich gleich lange am Boden sowie in der Luft. Der Fachbegriff dafür lautet isochron, gleich lange dauernd. Für Tölt-Einsteiger muss das Hören, Sehen und Fühlen eines taktklaren Töltes immer wieder erprobt und geübt werden.

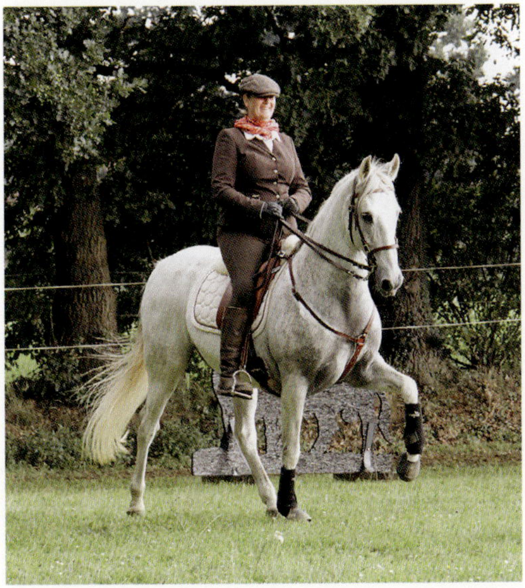

Taktklarheit ist DIE große Herausforderung beim Tölten. Paso Iberoamericano Nuno

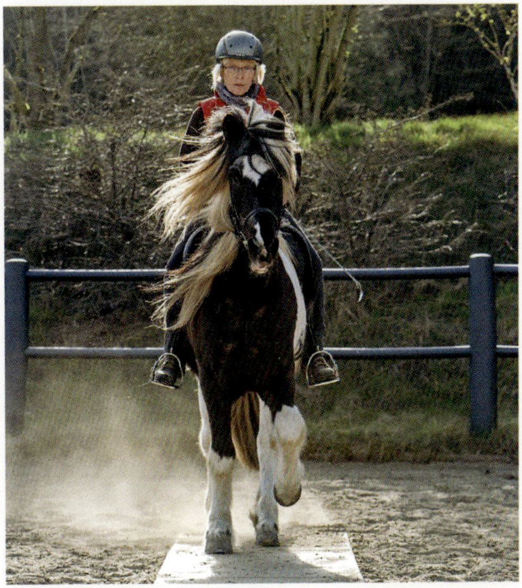

Den klaren Viertakt hören auf dem Fino-Strip (Holzboden). Islandpferd Tjáldur mit Claudia Laukotka

Hören

Für den Tölt-Einsteiger ist es am leichtesten, das Gleichmaß des taktklaren Töltens erstmal zu hören und es dann später mit seinem Sitzgefühl abzugleichen. Dazu darf man auch einmal kurzzeitig auf hartem Boden reiten. Bei einem taktklaren Tölt lässt sich ein Eins, Zwei, Drei, Vier, Eins, Zwei, Drei, Vier ... usw. vernehmen. Und wer noch die alte „Black und Decker"-Werbung kennt, kann es sich genau so vorstellen: „Black und Decker, Black und Decker, ..."

Verschiebt sich der Tölt zum Pass, dann hört man einen „Viertakt mit Pause": Eins, Zwei, Pause, Drei, Vier, Pause. Wird der Viertakt zum reinen Pass, klingt es wie ein reiner Zweitakt: Eins, Pause, Zwei, Pause, Eins, Pause, Zwei, Pause.

Verschiebt sich der Tölt zum Trab, hört man ebenfalls einen „Viertakt mit Pause". Das Auftreffen der Hufe auf den Boden klingt jedoch härter als bei der Passverschiebung. Hier braucht es schon ein sehr differenziertes Gehör, um Trab- und Passverschiebungen rein akustisch unterscheiden zu können. Es sollten die Sinne Fühlen oder Sehen zusätzlich eingesetzt werden.

Verschiebt sich der Tölt zum Galopp, hört man ein stärkeres Auftreffen EINES Beines und danach eine Pause, z. B.: Eins, Zwei, Drei, **VIER**; Pause, Eins, Zwei, Drei, **VIER**; Pause.

Sehen

Mit etwas Übung sieht man in der Seitenansicht, wie jedes einzelne Pferdebein im taktklaren Tölt in der Reihenfolge hinten-links, vorne-links, hinten-rechts, vorne-rechts abhebt und auffußt. Beim Sehen ist zusätzlich die Beachtung der sogenannten „Schweifwelle" ein relativ sicheres Indiz für einen taktklaren Tölt: In Verlängerung der Wirbelsäule setzt sich im Schweif die wellenförmige Rückenbewegung des Tölts fort und wird sichtbar als kleines Ausschwenken nach links und rechts.

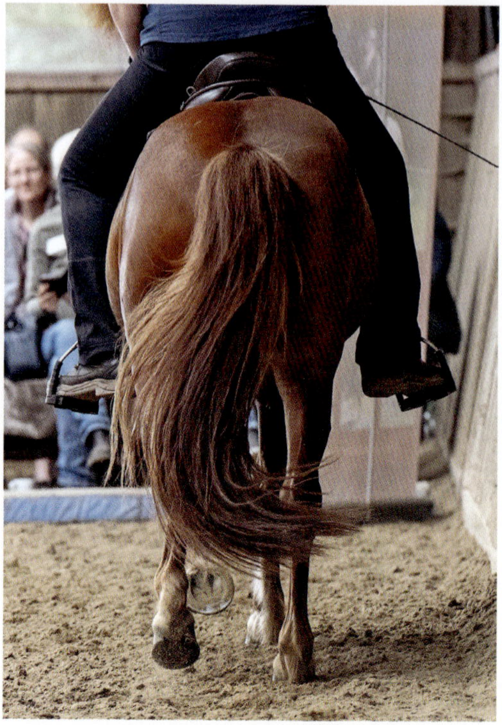

Die Welle im Schweif zeigt den taktklaren Tölt an.

> Wenn man das Takt-Sehen üben möchte, kann man auch mal die beiden Beine einer Seite, z. B. vorne links und hinten links, gleichfarbig bandagieren. Das hilft dem Auge beim Nachvollziehen der sehr schnellen Bewegungsabfolge. Noch leichter ist es mit einer Zeitlupenaufnahme, aufgenommen mit dem Smartphone, zu sehen.

Verschiebt sich der Tölt zum Pass, dann heben die beiden linken Beine sehr kurz nacheinander ab und setzen auf, dann gibt es eine kleine Pause und die beiden rechten Beine heben kurz nacheinander auf und setzen ab. Man spricht dann von den beiden lateralen Beinpaaren und einer Lateral-Verschiebung des Tölts. Je länger die Pause, desto näher ist der Tölt-Takt am Pass.
Verschiebt sich der Tölt zum Trab, dann sieht man, wie die beiden diagonalen Beinpaare zeitnah nacheinander angehoben und aufgesetzt werden, vorne-links mit hinten-rechts, Pause, vorne-rechts mit hinten-links, Pause.
Verschiebt sich der Tölt zum Galopp, dann sieht man, wie ein Vorderbein höher angehoben wird als das andere oder ein Hinterbein kürzer tritt als das andere.

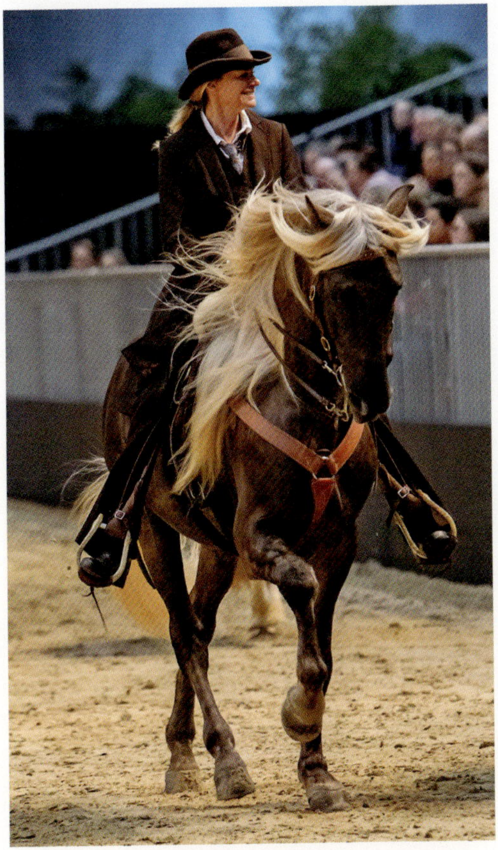

Als erfahrener Reiter kann man den taktklaren Tölt sicher erfühlen. Rocky Mountain Horse Split Second mit Mireille van Meer

Fühlen

Der erfahrene Tölt-Reiter spürt an der Bewegung seines Beckens im Sattel, ob der Tölt taktklar ist. Er spürt die oben beschriebene gleichmäßige Becken-Acht, er fühlt den gleichmäßig bewegten Oberschenkel und ein stabiles, fließendes Vorwärts-Gleiten, wobei die sprudelnde Energie des Tölts von hinten nach vorne durchfließt.
Verschiebt sich der Tölt zum Pass, dann spürt der Reiter im Sattel vermehrt die Links-rechts-Bewegung seines Beckens. Diese Variante wird häufig als etwas sitz-bequemer empfunden als eine Trab-verschobene Variante. Im reinen Pass (umgangssprachlich „Schweinepass") wird der Reiter regelrecht im Sattel von links nach rechts hin- und hergesetzt.
Verschiebt sich der Tölt zum Trab, wird der Reiter im Sattel etwas mehr die Oben-unten-Bewegung seines Beckens spüren.
Verschiebt sich der Tölt zum Galopp, die sogenannte Galopprolle, dann wird der Reiter spüren, wie sein Becken auf der einen Seite mehr angehoben wird als auf der anderen.

4. Taktfehler

Unter Taktfehlern versteht man beim Gangpferd Abweichungen vom erwünschten Viertakt. Takt finden und Takt beibehalten begleitet den Tölt-

Reiter ein Leben lang. Es ist leider nicht so, dass der einmal gefundene Takt ein Pferdeleben lang bleibt. Der Takt kann abhängig sein von der Tagesform, dem Gelände, dem Reiter, der Kraft, der Gesundheit, der Stimmung oder dem Wetter. Ganz viele Faktoren nehmen Einfluss auf den Takt, wie er HEUTE ist. MORGEN kann es ganz anders sein. Die Veranlagung zum Tölten ist zwar angeboren, doch nicht jedes Gangpferd wird „seinen" Viertakt von alleine immer taktklar gehen. Die Verbesserung von Taktfehlern muss als Prozess betrachtet werden: je besser die gymnastische Basis an Durchlässigkeit, Tragkraft und Hilfenverständnis ist, desto leichter, frühzeitiger (und unauffälliger) lässt sich eine Taktverschiebung aufheben.

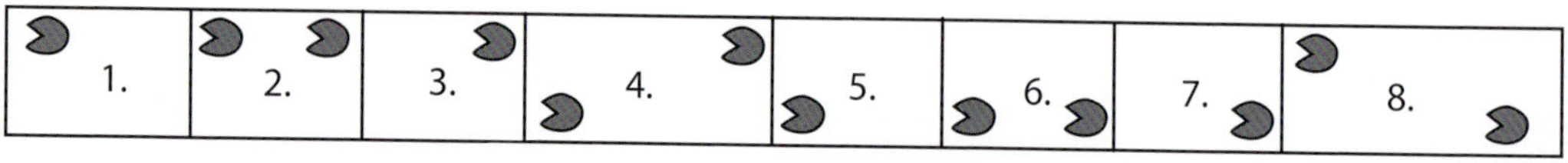

Trabtölt: Im trabverschobenen Tölt hat die diagonale Zweibeinstütze (4. + 8.) länger Bodenkontakt als die laterale Zweibeinstütze (2. + 6.).

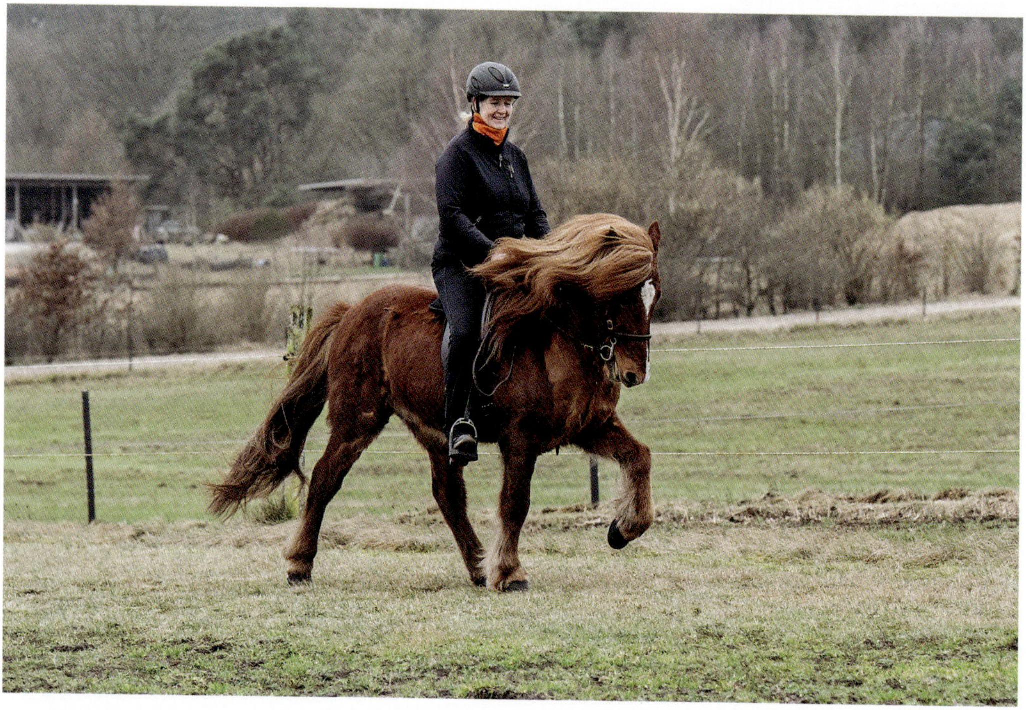

Um Trabtölt zu vermeiden, muss das Pferd gut gymnastiziert sein und in einer eher geschlossenen Form geritten werden. Islandpferd Narri

Trabtölt

Unter Trabtölt versteht man einen zum Trab verschobenen Tölt. In diesem Viertakt bleiben die diagonalen Stützphasen, z. B. hinten-links mit vorne-rechts, länger am Boden als die lateralen Stützphasen. Der Trabtölt kann von einer leichten, diagonalen Verschiebung bis fast zum Trab ohne Schwebephase reichen. Je nach Ausprägung spricht man auch von einem diagonalen Viertakt oder einem gebrochenen Trab.
Die Ursachen für eine Trabverschiebung im Tölt sind vielfältig. Auf genetisch bedingte Ursachen (starke natürliche Trab-Veranlagung) oder vom Exterieur beeinflusste Ursachen (das Pferd ist überbaut, vorderlastig mit einem tief angesetzten Hals oder sehr lang mit einem weichen Rücken) muss Rücksicht genommen werden. Grob gesprochen kann man sagen, dass trabtöltige Pferde besonders gut gymnastiziert werden müssen, um sie graduell versammeln zu können. Ihre Hinterhand muss mehr Last aufnehmen und flinker werden. Das Pferd darf seinen Rücken nicht hohl machen und die Hinterhand nach hinten herausstellen. Dazu braucht es ein gutes Verständnis für das Zusammenwirken treibender und verhaltender Hilfen.
Wichtig ist auch, die richtige Sitzform zu finden: Sitzt der Reiter zu tief und schwer hinten ein, drückt das Pferd den Rücken weg und wird trabig. Sitzt er zu entlastend, kippt der Schwerpunkt von Reiter und Pferd nach vorne, was ebenfalls Trabtendenzen nach sich ziehen kann. Auch ein zu spannungsloser, schlaffer Sitz kann den Tölt trabig werden lassen. Weitere Ursachen können in der Ausrüstung zu finden sein, so z. B. ein unpassender oder zu weit hinten aufliegender Sattel. Ist das Pferd vorne zu schwer beschlagen oder läuft vorne mit Hufschuhen und hinten barhuf, führt dies oft ungewollt zu Trabverschiebungen.

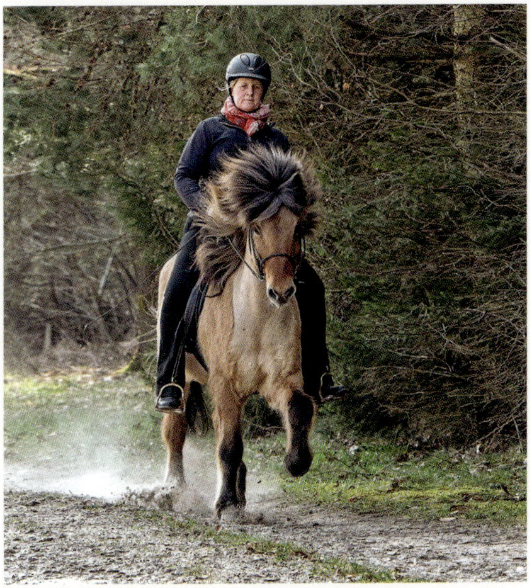

Ebenmäßiger Boden hilft, um das Pferd im Takt zu stabilisieren. Islandpferd Dreyminn

Auch einige Geländeformationen können den Tölt zum Trab verschieben: z. B. wenn der Boden tief, weich, ungleichmäßig, uneben, matschig ist oder der Weg bergauf führt.
Grundsätzlich helfen gymnastizierende Übungen, um diese Pferde graduell zu versammeln. (Siehe Kapitel „Gymnastizierung") Die Hinterhand muss zu mehr Beugung und kürzeren Tritten veranlasst werden, z. B. durch Übergänge Schritt-Halt-Rückwärts-Schritt, daraus antölten. Oder Schritt-Schulterherein daraus antölten. Sehr hilfreich ist das Reiten von Traversstellungen (Kruppeherein) im Tölt, da es eine vermehrt versammelnde Wirkung hat.
Es sollten vorerst nur kurze Strecken getöltet werden; nur so lange, wie auch der Reiter Atem, Kondition und Koordination hat. Unterstützend wirkt das Reiten auf ebenen, eher harten Böden, im ruhigen Tempo, leicht bergab.

Extra-Info: Fox Trot, Marcha Batida, Trocha

Bei einigen Gangpferderassen ist eine Verschiebung des Tölts zum Trab rassetypisch erwünscht, so z. B. beim brasilianischen Mangalarga Marchador die Marcha Batida oder beim Missouri Fox Trotter der Fox Trot. Diese Pferde sollen keinen isochronen Tölt gehen, das wäre bei diesen Rassen ein „Taktfehler". (Nichtsdestotrotz können etliche Pferde dieser Rassen auch tölten.) Unabhängig von den verschiedenen Ansichten zum Thema Trabtölt, eignet sich ein natürlicher Trabtölt hervorragend zur bequemen Langstreckenbewältigung: er ist geländegängig, bequemer als der Trab, aber weniger anstrengend für das Pferd als Tölt.

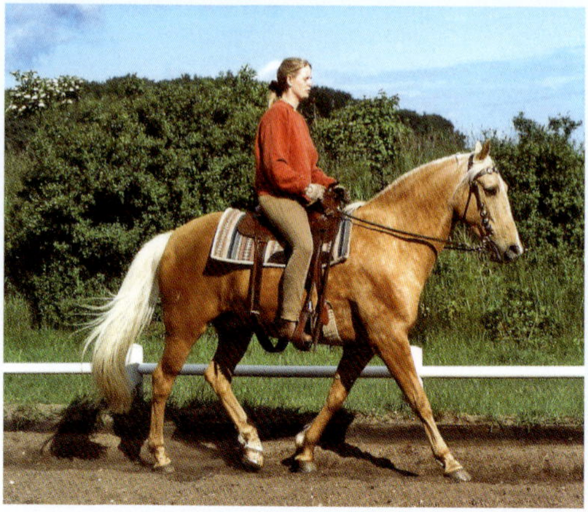

Missouri Fox Trotter Sundancer im Fox Trot

Austraben

Unter Austraben versteht man den Moment, wenn ein Pferd ungewollt vom Tölt in den Trab fällt und darin verbleibt. Das kann während des Töltens passieren oder auch beim Übergang Tölt-Schritt, wenn das Pferd einige Tritte Trab vor dem Schritt einbaut.

Die Ursachen des Austrabens liegen im mangelnden Geschlossenbleiben des Pferdes: Die Hinterhand nimmt nicht genug Last auf, sie bleibt hinter dem Schwerpunkt des Pferdes. Der Rücken und der Brustkorb sacken nach unten durch und das Pferd fällt auseinander in den Trab. Bei manchen Pferden ist dies gebäudebedingt, z. B. wenn sie einen sehr langen, weichen Rücken oder eine stark schiebende Hinterhand haben. Ursächlich kann auch fehlende Kraft beim Pferd sein oder es hat noch kein ausreichendes Verständnis für verkürzende Sitz- und Schenkelhilfen. Oft hat auch der Reiter die Töltstrecke noch zu lang gewählt, er hat selber Konditionsmängel oder verfügt noch über eine zu langsame oder falsche Hilfendosierung. Diesem „Taktfehler" ist vor allem durch eine mehr auf Tragkraft konzipierte Pferdeausbildung und eine koordinierte Einwirkung des Reiters beizukommen.

Wichtig ist es bei Pferden, die plötzlich, ungewollt vom Tölt in den Trab „fallen", dies NIE mit der Hand zu kompensieren, also durch einen schnellen, aufrichtenden Zügelimpuls oder gar Ruck im Maul. Ein Verhindern über Handeinwir-

kung wäre nicht nur unfair, das Pferd verlöre das Vertrauen in die Hand, bekäme Anlehnungsprobleme. Es würde in der Erwartungshaltung des Schmerzimpulses Hals und Rücken wegdrücken und im schlimmsten Falle daraus eine Passverschiebung entwickeln. So können schnell „Schweinepasser" entstehen.
Die Akut-Lösung liegt im emotionslosen Durchparieren und neu Antölten. Es sollten kürzere Strecken getöltet werden. Das Üben vieler Übergänge Schritt-Tölt-Schritt-Tölt, bei dem sich der Reiter für das Anreiten und Durchparieren sehr viel Zeit (und Wegstrecke) nimmt, hilft, um mit dem Pferd langsam in den Tölt hineinzukommen und langsam aus dem Tölt wieder herauszukommen, ohne dabei auseinanderzufallen. Das Pferd muss Tritt für Tritt verlangsamt oder in der Trittfrequenz erhöht werden, um daraus geschlossen durchzuparieren und bereits nach wenigen Schritten erneut anzutölten.

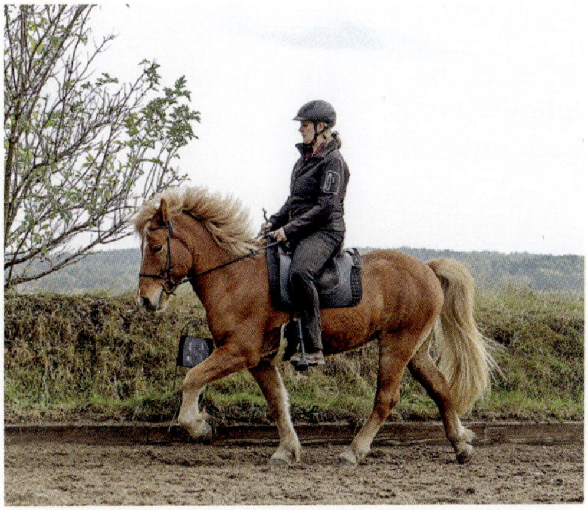

Wenn das Pferd zum Austraben neigt, sollte man erstmal nur kurze Strecken tölten. Islandpferd Fjórdungur

Extra-Info: Tipp „Balancezügel"

Als Erste-Hilfe-Maßnahme gegen das Austraben kann außerdem ein Balancezügel eingesetzt werden. Dies ist ein Halsring aus Seil oder Leder, den der Reiter zusätzlich zum Zügel in die Hand nimmt, wenn er tölten möchte. Zum einen wirkt der Reiter dann weniger mit dem Gebisszügel ein, zum anderen richtet sich der Reiter stabiler auf und zum dritten gibt der Balancezügel dem Pferd einen kleinen Druck an der Halsbasis, wodurch es sich aufrichtet. Alles gemeinsam hilft unerfahrenen Reitern und Pferden, das Antölten zu erlernen und das Austraben zu vermeiden.

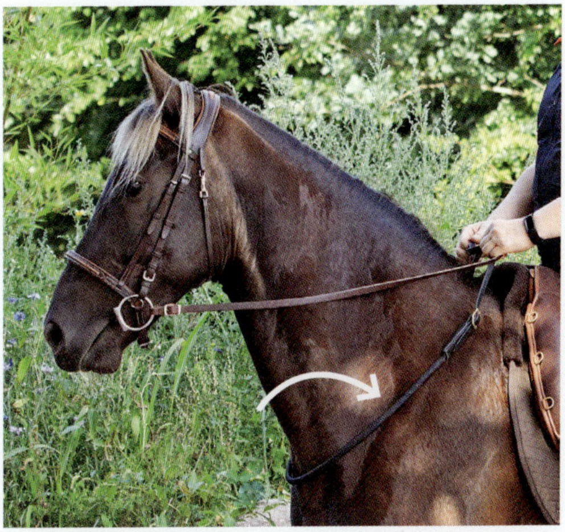

Ein sogenannter Balancezügel, ein Hals-Seil, das der Reiter mit in der Zügelhand führt, kann helfen, das Pferd an das Anheben der Halsbasis zu erinnern. Rocky Mountain Horse Stardust

Passtölt

Unter Passtölt versteht man einen lateral verschobenen Tölt. Das heißt, die beiden Beine einer Seite werden fast zeitgleich vorgeführt, das Hinterbein setzt nur einen winzigen Moment vor dem gleichseitigen Vorderbein auf. Bei den meisten Gangpferderassen ist der Passtölt unerwünscht und damit ein Taktfehler. Bei einigen Gangpferderassen ist eine Verschiebung des Tölts zum Pass rassetypisch erwünscht, so z. B. beim Peruanischen Paso der schnelle Viertakt Sobreandando. Bei einigen nordamerikanischen Gangpferderassen ist der so genannte Stepping Pace, eine Form des Passtölts, akzeptiert.
Als „Schweinepass" wird etwas despektierlich ein langsamer Passgang bezeichnet, bei dem das Pferd sich abwechselnd von den linken Beinpaaren auf die rechten Beinpaare verschiebt.
Die Ursachen für Passverschiebungen sind vielfältig. Zum einen kann einfach die genetische Disposition dem Pferd viel Pass-Veranlagung mitgegeben haben. Hilfreich oder erschwerend kann das Gebäude des jeweiligen Pferdes hinzukommen. Gebäudeformationen, wie Überbaut-Sein, kurzer, tiefangesetzter Hals, sehr fester Rücken erschweren die Korrektur. Gebäudebedingte Disharmonien im Bewegungsablauf, z. B. eine stark vorwärts-hebelnde Hinterhand, deren Dynamik von einer zu steilen, kurzen Vorhand nicht aufgefangen wird, können ebenfalls zu Passverschiebungen führen.
Ob sich Passtendenzen verstärken oder wegarbeiten/korrigieren lassen, hängt letztendlich natürlich auch von der Einwirkung und den Sitz des Reiters ab. Sitzt ein Reiter völlig ohne Körperspannung auf seinem Pferd, kann dies zum spannungslosen Passgehen führen. Ein Reiter, der selber verspannt ist, vielleicht sogar ängstlich, überträgt unweigerlich seine Spannungen auf das Pferd, das darauf mit lateralen Bewegungsabläufen reagieren kann. Besonders wenn der Reiter wenig Beweglichkeit im Becken und eine sehr feste Lende hat, er die Achter-Rotation des Tölts nicht durch seinen Körper fließen lassen kann, verspannt er damit den Pferderücken Richtung Pass. Nicht selten wird der Pass durch einen zu stark mit der Hand einwirkenden Reiter ausgelöst. Das Pferd verspannt sich aus Furcht vor der Gebiss-Einwirkung, der Rücken wird fest oder weggedrückt, die Hinterhand fällt aus, die Bewegungen werden kurz, steif und lateral.
Abgesehen davon, dass jedes Pferd einen passenden Sattel verdient, kann ein schlecht sitzender Sattel bei Pferden mit Passproblemen auch der Auslöser für diesen Gang sein oder zumindest die Korrektur deutlich erschweren. Der Rücken des Pferdes wird bei jeder Bewegung durch einen drückenden, falsch aufliegenden Sattel belastet und verspannt sich.
Eine Ursache von unerwünschten Passverschiebungen kann zu frühes und zu hand-orientier-

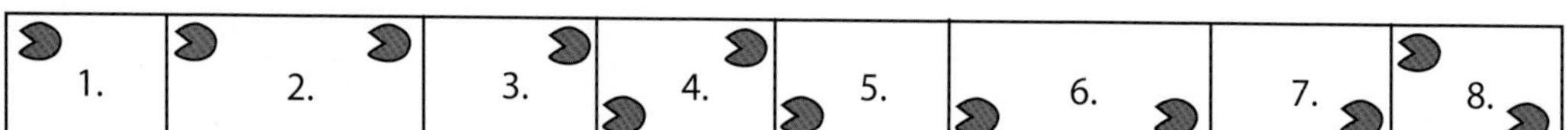

Passtölt: Im passverschobenen Tölt hat die laterale Zweibeinstütze (2. + 6.) länger Bodenkontakt als die diagonale Zweibeinstütze (4. + 8.).

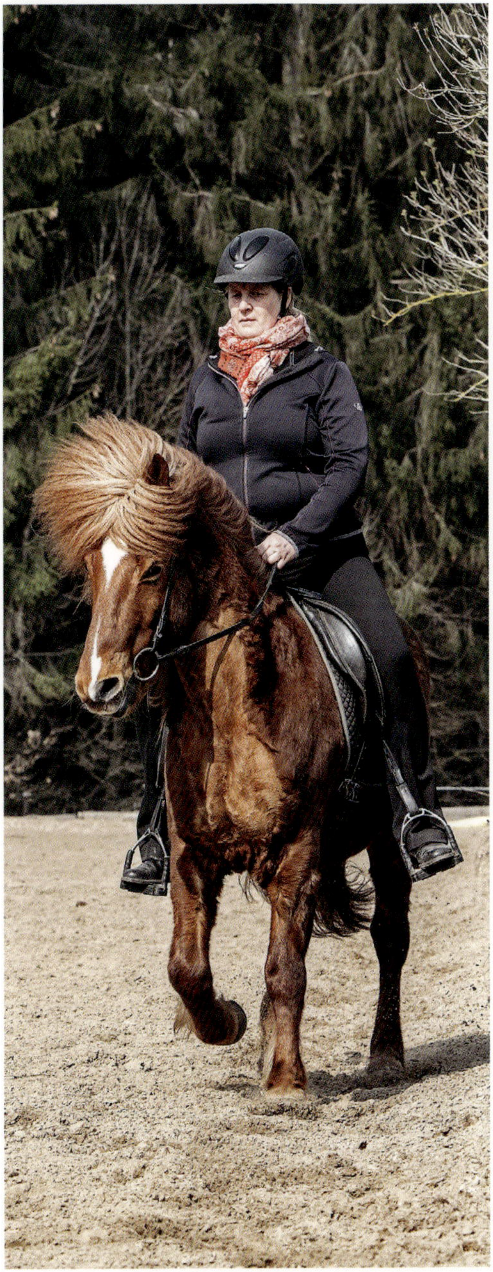

Das Reiten von Schulterherein im Tölt hilft Passverschiebungen aufzulösen. Islandpferd Narri

tes Eintölten sein. Die Pferde werden durch Verspannung in einen lateralen Bewegungsablauf gezwungen, der mit Hilfe von Gewichten an der Vorhand und viel Tempo (Fliehkraft) wieder aufgelöst werden soll. Das kann funktionieren und führt teilweise zu spektakulären Bewegungen, jedoch selten zu harmonischen Bildern und lockeren Pferden. Der Rücken dieser Pferde fühlt sich wie „gebrochen" an. Sie müssen erst über viel gymnastizierende Arbeit im Schritt (und Trab, wenn vorhanden) wieder Vertrauen in die reiterliche Einwirkung bekommen. Über entspannten Passtölt oder Trabtölt können diese Korrektur-Pferde erneut erlernen, die Bewegung der Hinterhand locker über den Rücken fließen zu lassen und Zügelhilfen ohne Angst anzunehmen. So ist ein taktklarer Tölt wieder herstellbar.

Aus der Kenntnis der Ursachen für den Pass lassen sich schon etliche Korrekturmöglichkeiten ableiten. Passtölt kann auch einmal eine vorübergehende Phase in der Ausbildung des Pferdes auf dem Weg zum taktklaren Tölt sein. Voraussetzung ist, dass er entspannt und nicht verspannt ausgeführt wird und dass der Reiter ihn als Taktverschiebung erkennt und nicht einfach unkorrigiert hinnimmt. Der Passtölter sollte mit entsprechender Gymnastizierung möglichst zeitnah zum isochronen Viertakt gefördert werden.

Zur Korrektur von Passverschiebungen bieten sich alle Möglichkeiten und gymnastizierenden Lektionen an, die das Pferd dazu bringen, die Vorhand später als die gleichseitige Hinterhand aufzusetzen. Vor allem alle Formen von Biegungen im Schritt und Tölt führen dazu, dass eine Passverschiebung aufgelöst wird. Auf eine korrekte, dem Ausbildungsstand angepasste Längsbiegung ist zu achten, damit das

Pferd weder aus Überforderung, noch aufgrund von Gegenspannung die Passverschiebung beibehält. Schlangenlinien oder Achten sowie der Wechsel von Innen- zu Konterbiegung sind hilfreich.
Ein sehr probates Mittel zur Auflösung der Passverschiebungen ist das Reiten von Schulterherein im (Pass-)Tölt. Neben der versammelnden Wirkung führt Schulterherein zu einem größeren Aktionsradius der Schulter und damit zum zeitlich verzögerten Aufsetzen des Vorderbeins. (Traversstellungen sollte man zur Korrektur von Passtölt nicht reiten, sie verstärken häufig die Lateralverschiebung.)

Essentiell für all diese Übungen ist es, dass das Pferd sich jederzeit nach links und rechts stellen lässt und Hals/Genick auch in der Vertikalen fallen lassen kann. Gerade Passverschiebungen äußern sich gerne in einer Festigkeit im Genick und sind durch das wechselnde Abfragen von Innen- und Konterstellung gut wieder aufzulösen. Über ein frei bewegliches Genick ist die gesamte Muskelkette bis zum Kreuzdarmbeingelenk des Pferdes zu lösen und kann so Einfluss auf Rücken und Hinterhand des Pferdes nehmen.

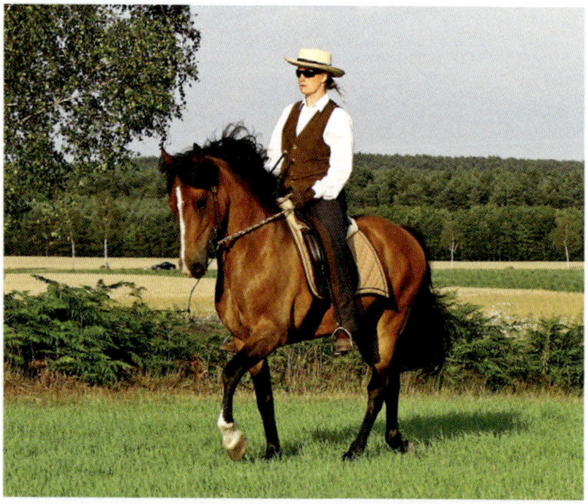

Das Reiten von kleinen Tempounterschieden im Gelände führt zu mehr Flexibilität im Pferderücken. Hier: Paso Fino Secundus

Der Reiter kann auch mit dem Tempo im Tölt spielen. Wenn er das Pferd dazu veranlasst, sich immer wieder zurückzunehmen und dann wieder kraftvoll vorzutreten, erreicht er eine Flexibilität in der Längsachse des Pferdes. Bei Pferden, die wenig Tempovariationsmöglichkeiten haben, beschränken sich diese Hilfen auf „unsichtbare Tempounterschiede"; Sinn ist dann einzig und allein die Reaktion des Pferdes abzufragen, nämlich ob es bereit wäre, das Tempo zu verstärken oder zu verringern. Hiermit erzielt man die gleiche Wirkung.
Reiter mit einem gut koordinierten Sitz können zur Korrektur von Passtölt eine kurzzeitige, entlastende Gewichtshilfe geben und dann wieder einsitzen. Sie geben den Rücken des Pferdes damit für einen Moment frei und lassen das Pferd quasi kurz „gen Trab denken". Bei einigen Pferdes ist es sogar hilfreich statt des dressurmäßigen Vollsitzes im leichten Entlastungssitz zu tölten. Das macht den Rücken frei und löst häufig die laterale Spannung auf.
Hilfreich kann es auch sein, das Reitergewicht abwechselnd links-rechts leicht auf die Oberschenkel und Steigbügel zu verlagern. Damit holt man den Pferderücken aus seiner Starre und macht ihn flexibler. Das Pferd wird sozusagen „lockergeschwungen".
Auch durch Reiten auf unebenen Wegen mit Wurzeln, hohem Gras oder Schnee können laterale Tendenzen gebrochen werden. Tiefer Boden hingegen ermüdet das Pferd nur und wird damit letztendlich zu noch mehr Pass führen. Auch leichtes Bergaufreiten ist oft hilfreich.

Man kann auch mit Glocken oder Ballenboots die Taktfindung unterstützen. Viele Pferde lassen sich durch Glocken oder Ringe an der Vorhand animieren, ihre Vorhand höher oder raumgreifender einzusetzen, so dass die Vorderbeine NACH den gleichseitigen Hinterbeinen auffußen. Die Passverschiebung kann damit zum taktklaren Tölt aufgelöst werden. Trainer und Reiter muss dabei bewusst sein, dass man damit Symptom- und nicht Ursachen-Behandlung betreibt.

Galopprolle

Eine Galopprolle äußert sich durch ein kurzzeitiges, vermehrtes Anheben eines Vorderbeins oder durch ein Kürzertreten eines Hinterbeines. Das Pferd wirkt, als wolle es wiederholt aus dem Tölt angaloppieren. Kann der Reiter noch nicht sicher erfühlen, ob die Galopprolle links oder rechts ist, kann er das Pferd aus der Rolle heraus einfach einmal wirklich angaloppieren lassen – danach wird er es besser fühlen und kann entsprechende Korrekturmaßnahmen einleiten.

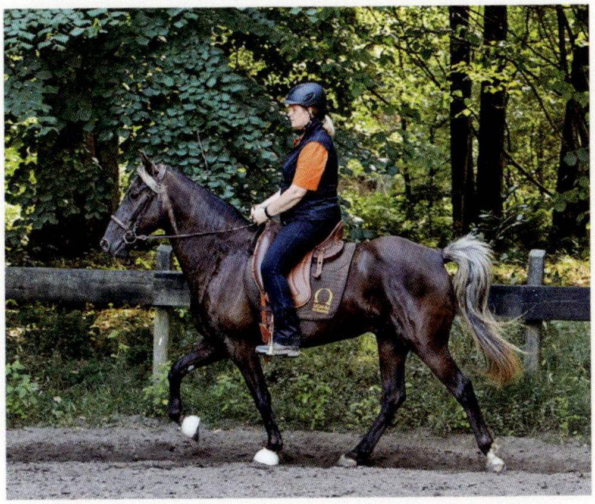

Zur Vermeidung einer Galopprolle darf das Pferd nicht zu schnell tölten. Hier: Rocky Mountain Horse Stardust

Die häufigste Ursache einer Galopprolle ist ein schiefes Pferd. Oft liegt es an einer noch ausstehenden dressurmäßigen Geraderichtung des Pferdes. Hat z. B ein links hohles Pferd seine Kruppe immer traversartig links, kann es dazu kommen, dass es mit der Hinterhand immer in den Links-Galopp einspringen möchte.

Die Korrektur leitet sich aus den Ursachen ab. In unserem Beispiel müsste das links hohle Pferd mit einem sehr geraden Schulterherein links oder noch besser mit einem Renvers auf der linken Hand (also rechts gebogen) gymnastiziert und geradegerichtet werden. Die Ursache für eine Schiefe können zudem ein schief sitzender oder ungleichmäßig einwirkender Reiter sowie ein schiefer Sattel sein.

Um eine Galopprolle zu vermeiden gilt es, das richtige Tölt-Tempo herauszufinden. Töltet das Pferd zu langsam, ist es kraftlos, fehlen ihm noch Kondition oder Muskulatur, wird es vielleicht etwas zu „lasch" geritten, kann daraus ein kürzertretendes Bein entstehen, das damit eine Galopprolle auslöst. Töltet das Pferd zu schnell, ist es vielleicht noch überfordert mit dem angefragten Tempo oder vielleicht mit zu viel Druck geritten, entlädt sich seine Spannung nach oben in ein vermehrtes Anheben eines Vorderbeines. Ein solches Pferd muss langsamer, versammelter, vielleicht sogar mal etwas tiefer eingestellt geritten werden, um die Kraft der Hinterhand den beiden Vorderbeinen gleichmäßig zuweisen zu können. Außerdem sollte überprüft werden, ob das Pferd an der Vorhand nicht zu viel Gewicht in Form von Glocken, Ballenboots oder Beschlag hat.

Leicht entsteht eine Galopprolle beim Reiten von Biegungen im Tölt. Das äußere Beinpaar hat im Tölt in der Biegung einen um die Breite des

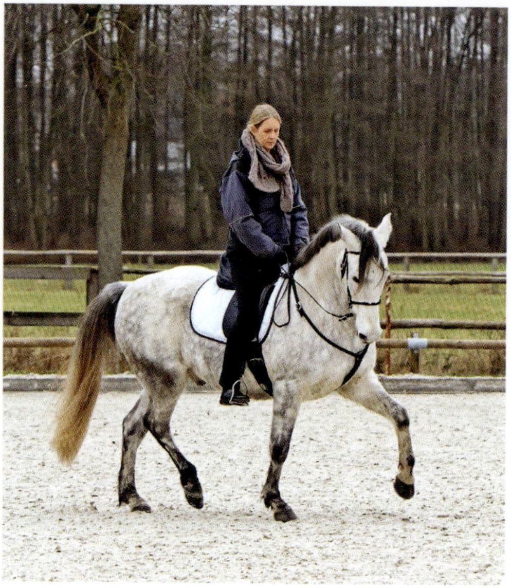

Bei korrekter Biegung im Trab sind die Wege der beiden diagonalen Beinpaare jeweils gleich lang. Paso Iberoamericano Nuno

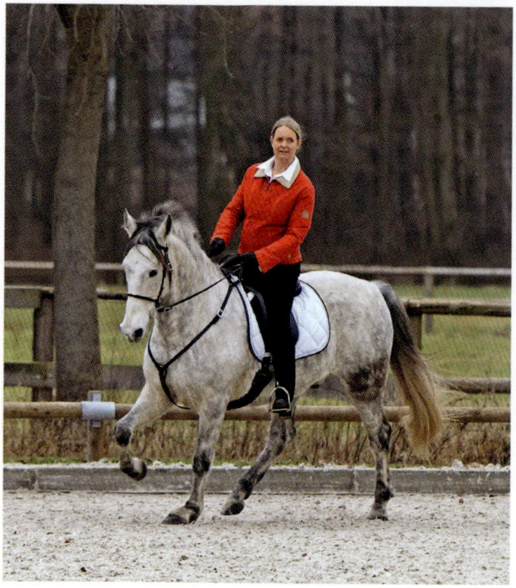

Bei Biegungen im Tölt hat das innere Beinpaar einen um die Breite des Pferdes kürzeren Weg als das äußere. Das kann zu einer Galopprolle führen. Paso Iberoamericano Nuno

Pferdes längeren Weg als das innere. Das Pferd muss erst lernen, die laterale Zweibeinstütze des Tölts zu kompensieren, d. h. sein inneres Hinterbein im Tölt mehr zu winkeln bzw. sein äußeres Beinpaar zu beschleunigen.

Auch das Gelände kann Einfluss auf die Entstehung einer Galopprolle nehmen. Um die Anstrengung des Bergaufreitens im Tölt zu kompensieren, „hebeln" sich einige Pferde über ein vermehrtes Anheben der Schulter im Tölt gerne den Hang hinauf. Hilfreich ist es dann langsamer und geschlossener zu reiten.

Eine Erste-Hilfe-Maßnahme gegen eine Galopprolle ist das Einfangen des Tempos und eine Überprüfung des gleichmäßigen Sitzes und der Einwirkung des Reiters. Der Reiter darf keinesfalls mit seiner Hüfte oder gar seinem Oberkörper „in die Rolle hineinschwingen"; damit würde er sie noch forcieren. Er muss die innere Hüfte zurückhalten, um das Angaloppieren zu verhindern. Im Extrem-Fall kann er sogar einmal eine Sitz- und Hilfenposition einnehmen, als wollte er auf der gegenüberliegenden Seite der Rolle angaloppieren.

Bei jungen Pferden, die vielleicht noch etwas schlapp oder unkoordiniert sind, die noch nicht geradegerichtet sind, die in Biegungen oder durch ungleichmäßige Tempi eine Rolle produzieren, ist es häufig am elegantesten und stressfreiesten, einfach einmal öfter die Hand zu wechseln. Die Pferde richten sich dabei für einen kurzen Moment selber wieder gerade und kommen damit im besten Falle selbständig in ein tölt-gemäßes Gleichgewicht.

5. Tölten im Gelände

Eine große Freude ist es, mit anderen Gangpferdereitern in der Gruppe gemeinsam durch Wald und Flur zu tölten. Es ist schon ein besonderes Gefühl, mit Gleichgesinnten die Dynamik und Kraft eines Tölters unter sich zu spüren und im flotten Tölt erschütterungsfrei die Landschaft zu genießen.
Das Reiten und Training des Tölters im Gelände ist der Tölt-Ausbildung im Allgemeinen sehr zuträglich. Im Gelände haben die Pferde mehr Vorwärts-Willen, die Tölt-Strecken sind im besten Falle länger, was gleichmäßiges Eintakten ermöglicht. Sehr hilfreich kann es sein, gemeinsam mit einem oder mehreren taktsicheren Töltern auszureiten: Ein noch taktunsicheres Pferd hört und schaut sich tatsächlich den Takt ab und lässt sich in ein gutes, gleichmäßiges Vorwärts „mitziehen".
Damit sich beim Ausreiten im Tölt und mit anderen Töltern Freude einstellt, gilt es ein paar Dinge im Hinterkopf zu haben:
Taktklarer Tölt braucht „sein" individuelles Tempo: Jedes Pferd hat ein bestimmtes Tempo, in dem es taktklar und mühelos tölten kann. Das heißt: Beim gemeinsamen Tölten mit anderen Gangpferden wird das eine Pferd schneller, das andere langsamer unterwegs sein müssen, um taktklar und stressfrei tölten zu können. Je nach Ausbildungsstand und Durchlässigkeit des Pferdes, kann das zu Problemen führen, wenn der schnelle Tölter vorneweg fliegt, der langsame Tölter aber hinten zurückbleibt. Das hintere Pferd will dem schnellen folgen, es fängt an zu pullen, der Reiter zieht

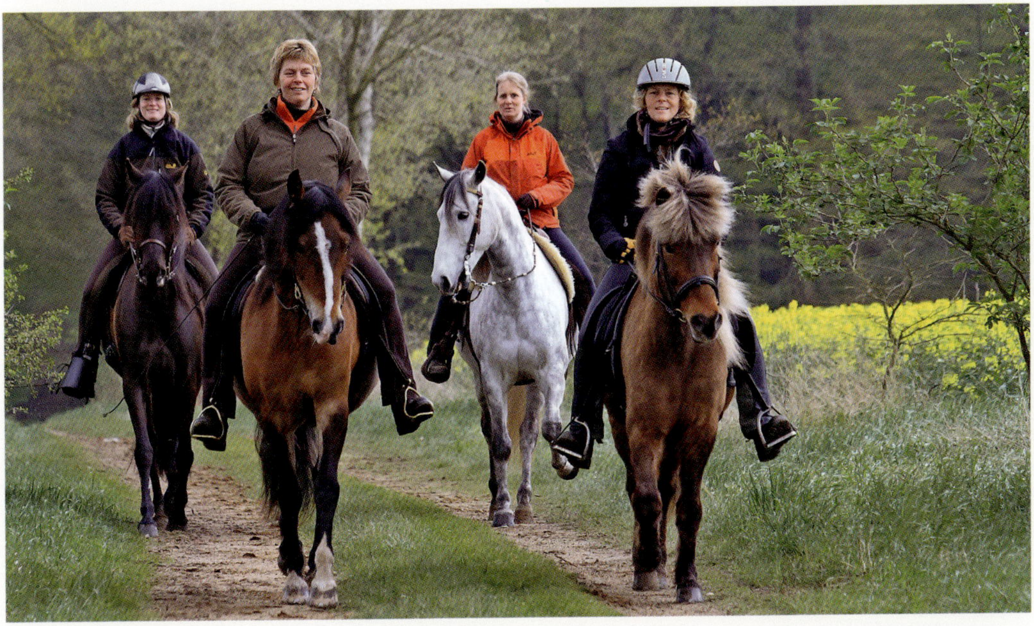

Ein Gruppen-Ausritt mit Töltern macht viel Freude. Hier v.l.n.r.: Paso Peruano, Paso Fino, Paso Iberoamericano, Islandpferd

am Zügel, das Pferd verspannt sich zum Pass oder fällt in den Trab. Oder umgekehrt: Der schnelle Tölter versucht sich dem langsamen Tölter anzupassen, dabei verspannt sich ersterer, fällt auseinander und in den Trab. Um keinen Frust zu bekommen und keine Rückschritte in der Ausbildung zu machen, sollte bei solchen Mitreiter-Konstellationen erstmal auf das gemeinsame Tölten verzichtet werden. Wichtig: Erst das fortgeschrittene Pferd kann im taktklaren Tölt sein Tempo variieren und sich anderen Tölt-Tempi anpassen.

Unabhängig vom Ausbildungsstand können auch verschiedene Gangpferde-Typen oder Rassen in Tempo und Takt (noch) nicht zueinanderpassen: Der ökonomische Naturtölter kann auch auf unebenem, wurzeligen Boden taktklar tölten, der hoch-weite Sporttölter braucht ebene, gerade Strecken. Der hoch-frequent töltende Paso Fino ist selten ein passender Begleiter für den raumgreifenden Speedracker.

Ein weiterer Aspekt, der zu berücksichtigen ist, ist das Ausreiten mit Nicht-Gangpferden. Dreigängige Mitreiter müssen sich darauf einstellen, dass Tölt-Reiter nicht „mal eben schnell" lostölten können; zumeist muss das Antölten etwas vorbereitet werden, vielleicht auch noch mal unterbrochen und neu angetöltet werden, um taktklar und harmonisch ausgeführt werden zu können. Viele Dreigänger fürchten sich zudem anfangs vor dem hochfrequenten, stakkatohaften Hufschlag, vor der Dynamik und wehenden Mähne eines Pferdes im Tölt; das muss also erst geübt werden. Zudem ist es oft schwierig, im Tempo auf einen gemeinsamen Nenner zu kommen.

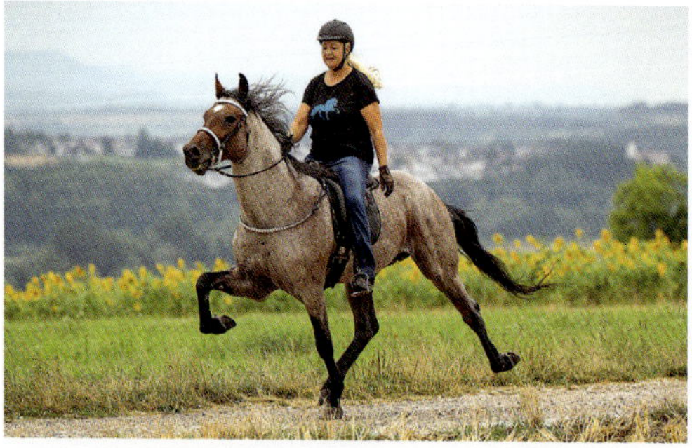

Mit fortgeschrittenen Pferden kann man einen flotten Tölt am losen Zügel im Gelände genießen. Speedracking Horse Mississippi Mud mit Tina Schwellinger

Gangpferde haben häufig einen sehr schnellen Schritt, bei dem der Dreigänger dann schon traben müsste. Im Trab ist der Dreigänger dann womöglich zu schnell, als dass jedes Gangpferd mit einem taktklaren Tölt mithalten könnte. Dies sind Dinge, die berücksichtigt und geübt werden müssen, um allen Beteiligten gerecht zu werden und Freude zu haben.

Auch die Geländeformation an sich nimmt Einfluss auf den Tölt: Lange gerade Strecken mit festem Boden helfen ein gutes Gleichmaß im Tölt zu finden, das Pferd „einzutakten". Kleine, kurvenreiche Trampelpfade können pass-veranlagte Tölter zum klaren Viertakt fördern. Bergabtölten ist oft hilfreich gegen Trab-Verschiebungen im Tölt, bergauf tölten hilft gegen Passverschiebungen. Häufiger Wechsel von Steigungen und steiles Bergauf-Bergab erschweren es, einen gleichmäßigen Takt zu halten. Der Wunschboden des Tölters ist trittfest, eben, federnd, aber nicht zu weich; ein schöner Wald- oder Wiesenweg oder Wattboden. Auf tiefen, weichen, matschigen Böden oder auch auf zu harten, felsigen Wegen tölten Gangpferde ungerne oder verschieben sich gen Trab oder Pass.

Wie langstreckentauglich oder anstrengend ist der Tölt? Das hängt zum einen von den Boden-

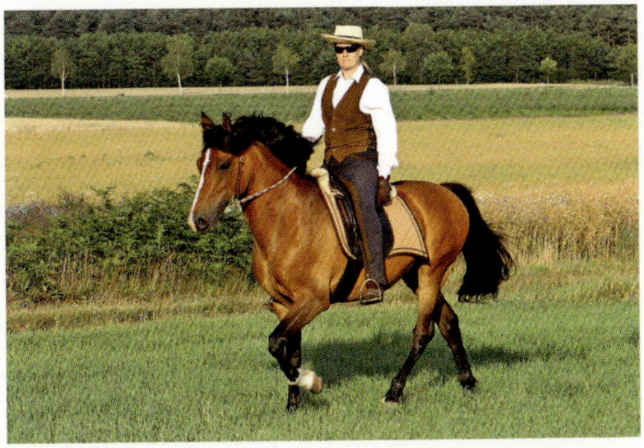

Wer gerne lange Strecken im Gelände töltet, sollte einen entspannten, taktsicheren Naturtölter reiten. Paso Fino Secundus

verhältnissen ab und zum anderen vom Pferdetyp. Je mehr Energie und körperlichen Aufwand ein Pferd braucht, um zu tölten, desto anstrengender ist es. Sportliche Tölter mit viel Vorhandaktion, viel Raumgriff und Schub erschöpfen sich daher auf langen Geländestrecken früher als ökonomische Naturtölter. Tölt-Variationen, die mit wenig Vorhandaktion, kürzeren Tritten und in horizontaler Haltung ausgeführt werden, sind daher eher langstreckentauglich. Geeignet sind Naturtölter aller Rassen, z. B. zu finden bei den Islandpferden, den Rocky Mountain Horses, den Paso Finos, den Arravanis, den Mangalarga Marchadores und vielen mehr.

6. Ausrüstung zum Tölt-Reiten

Sattel

Verschiedene Satteltypen eignen sich zum Tölten: Man muss allerdings auf bestimmte Ausführungen achten: Der Sattel muss dem Reiter eine gut bewegliche, freie Beckenposition ermöglichen. Nur dann kann er im Tölt die notwendige freie Bewegung seines Beckens zulassen. Wird die Beckenbewegung beengt, wird der Pferderücken und damit der Takt gestört. Europäische Gangpferderassen haben zumeist Sättel, die sich an englischen Dressursätteln orientieren. Aber auch baumlose Sättel, iberische Sättel oder Trekking-Sättel lassen jede Viertakt-Variante zu. Nordamerikanische Gangpferderassen werden häufig mit Westernsattel geritten. Südamerikanische Gangpferderassen werden gerne in landestypischen Sätteln vorgestellt.

Ein spezieller Sattel zum Tölten ist nicht erforderlich. Er muss dem Pferd passen und dem Reiter erlauben, mittig zu sitzen. Das Pferd muss so gesattelt werden, dass der Sattel nicht über seine letzte Rippe hinausgeht. Ein Zurücksatteln ist nicht erforderlich.

Für die Passform eines Töltsattels gelten alle Kriterien, die auch für andere Sättel wesentlich sind. Länge, Kammerweite, Schulterfreiheit, Kopfeisen, Winkelung der Bars und Polsterung müssen zum Pferderücken passen. Kommt ein Sattel nicht zum ruhigen Liegen, müssen diese Parameter geändert werden. Vorgurt, Vorgurtstrupfe oder Schweifriemen beheben Symptome, keine Ursachen.

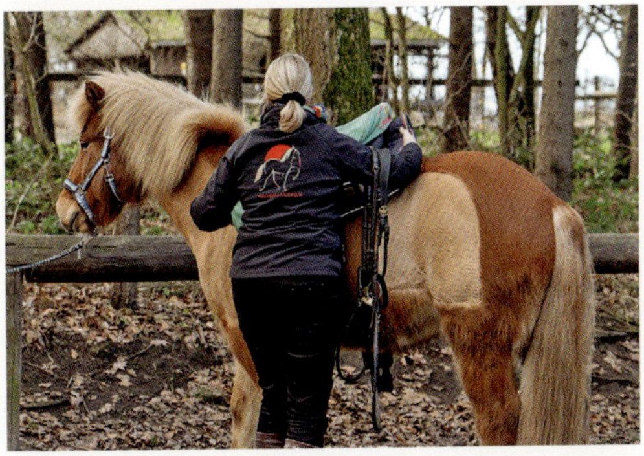

Für die Passform eines Töltsattels gelten dieselben Kriterien wie für andere Sättel auch. Islandpferd Fjórdungur

Wie alle anderen Sättel braucht auch der zum Tölten geeignete Sattel einen korrekten Schwerpunkt, der den Reiter möglichst nahe an den Schwerpunkt des Pferdes heransetzt. Ein nach hinten verlagerter Schwerpunkt oder bewusstes Zurücksatteln sollten nicht praktiziert werden. Die Tragfähigkeit des Rückens ist nur mit einem nahe am Pferdeschwerpunkt sitzenden Reiter und einer Auflagefläche bis maximal zur letzten Rippe der Brustwirbelsäule gewährleistet. Alles was darüber hinaus geht, kann zwar zu spektakulärem Tölt mit viel Vorhandaktion führen, ist jedoch absolut unphysiologisch. Gesundheitliche Folgen können Rückenschmerzen, Nervenreizungen, Gelenkblockaden, Muskelatrophien, Kissing Spines und vieles mehr sein.

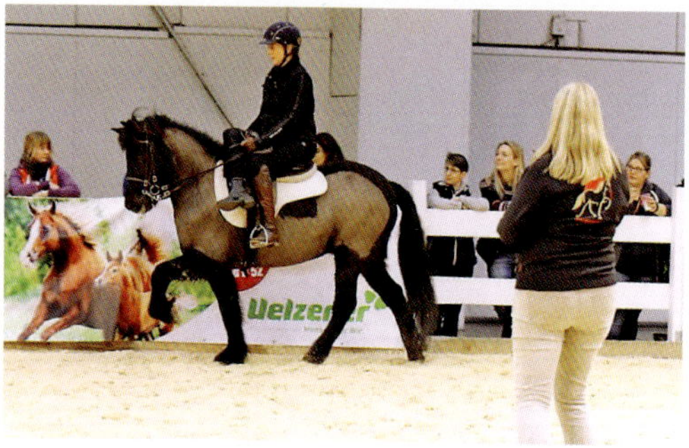

Das Tölt-Reiten erfordert keinen speziellen Töltsattel. Hier: Sarah Seifert mit Islandpferd Gisli im Damensattel.

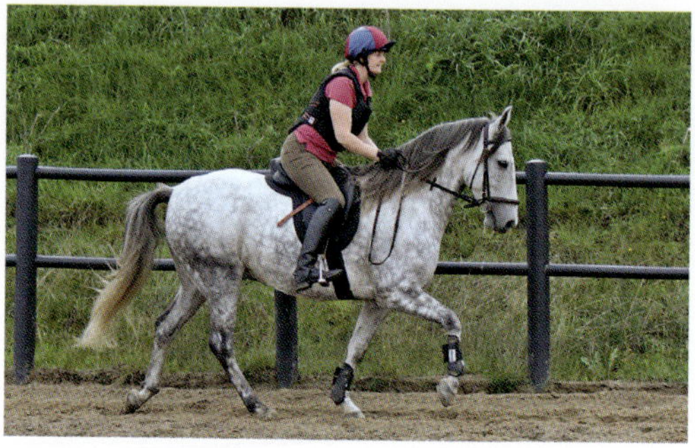

Wenn der Sattel passt, kann auch im Springsattel und leichten Sitz getöltet werden. Paso Iberoamericano Nuno

Extra-Info: Problem kurzer Pferderücken

Bei manchen Gangpferden ist die Sattellänge problematisch, weil sie recht kurze Rücken haben. Auf der einen Seite darf der Sattel nicht zu lang sein, auf der anderen Seite soll er viel Auflagefläche haben und dem Reiter ausreichend Platz für Oberschenkel und Gesäß bieten. Einige Sättel aus dem Islandpferdebereich tragen dem mittlerweile Rechnung, indem sie mit französischen Sattelkissen, zurückgelegten Kopfeisen und einem sogenannten Vorschnitt des Sattelblatts ausgestattet sind. So liegt der Sattel korrekt hinter der Schulter, der Schwerpunkt nahe am Schwerpunkt des Pferdes, aber der Reiter hat trotzdem noch genug Platz. Wenn der „Spagat" zwischen den Anforderungen jedoch zu groß wird, sollte sich der Reiter ehrlich fragen, ob Reiter- und Pferde-Statur zueinanderpassen.

Zäumung

Die Zäumung macht nicht den Tölt. Insofern ist die Wahl des Gebisses oder einer gebisslosen Zäumung abhängig vom Ausbildungsstand und den Vorlieben von Pferd und Reiter. Hier gilt es herauszufinden, womit das Pferd am harmonischsten ins Gleichgewicht kommt.

Viele Gangpferde kommen gut zurecht mit den verschiedenen Formen einer Wasser-Trense: von Olivenkopf bis Baucher, von ungebrochen bis doppelt gebrochen. Im Islandpferde-Sportbereich und bei vielen amerikanischen Gangpferderassen wird der Tölter gerne mit rassetypischen Kandaren-Gebissen geritten. Hier muss jeder selbst entscheiden, inwieweit man sich den rassetypischen Gegebenheiten anpasst. In manchen Fällen kann der Nutzen einer kleinen Hebelwirkung für Pferd und Reiter sinnvoll sein. Hier bieten sich z. B. ungebrochene Formen des Kimblewicks, des Pelhams oder einer portugiesischen Balao an, die noch mit zwei Händen geführt werden.

Ich persönlich hänge der klassischen Anschauung an und sehe den Einsatz einer Kandare erst bei so weit fortgeschrittenen Pferd-Reiter-Paaren, die sie dann auch einhändig führen können. Dazu muss das Pferd weitestgehend an Sitz und Schenkel sein und eine fortgeschrittene Ausbildung haben.

Extra-Info: Verschnallung des Reithalfters

Jede Form eines Reithalfters sollte richtlinienkonform (FN, IPZV, IGV und viele weitere) so verschnallt werden, dass zwei Finger AUFRECHT zwischen Nasenrücken und Nasenriemen passen. Das Pferd muss ohne Einschränkung atmen, kauen und schlucken können. Zu niedrig oder zu eng verschnallte Nasenriemen lassen keine Beweglichkeit im Unterkiefer zu. Kiefer-, Kehlkopf- und Zungenbeinmuskulatur verspannen sich. Infolgedessen wird die gesamte Genick- und obere Halsmuskulatur fest. Die Verspannung überträgt sich auf die Schulterblattfaszie und den Unterhalsmuskel. Nur mit einer Zwanglosigkeit eben dieser Muskeln ist Durchlässigkeit im Genick möglich, ohne die es wiederum keine Losgelassenheit und keinen zweckmäßigen Einsatz der Nackenmuskulatur gibt. (Zitat Udo Bürger, Vollendete Reitkunst, S. 98) Neben der tierschutzrelevanten Ausrüstung sind die Folgen beengender Zäumungen mangelnder Raumgriff in Schulter und Oberarm; genau das Gegenteil von dem, was für viele Tölter erwünscht ist. Stodulka, Vom Reiten zur Reitkunst, S. 92–97

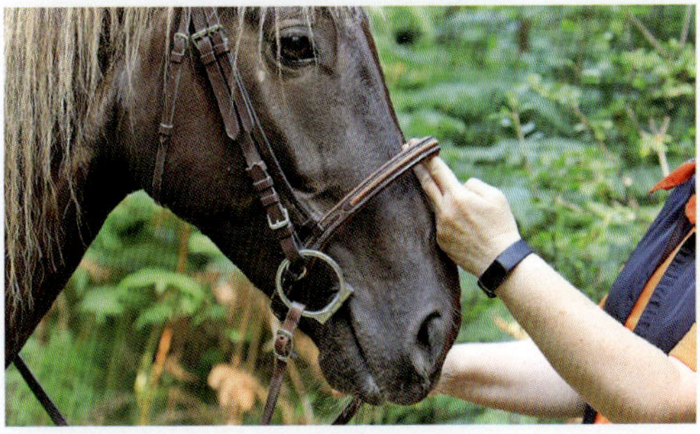

Korrekt sind zwei Finger AUFRECHT auf dem Nasenrücken.

Gebisslos tölten

Manche (Gang-)Pferde sind zufriedener, wenn sie gebisslos geritten werden. Wie bereits beschrieben, entsteht der Tölt aus Genetik, einem passenden Gleichgewicht und Hilfenverständnis – und das geht auch gebisslos. Besonders sinnvoll ist eine gebisslose Zäumung zum Anreiten junger Pferde, die ohnehin noch ihr Gleichgewicht suchen und zusätzlich im Zahnwechsel sind. Das schont das Pferdemaul, falls es zu Beginn der Töltausbildung doch einmal zu Missverständnissen zwischen Pferd und Reiter kommen sollte. Das Gebiss kommt erst dann wieder als alleinige Zäumung hinzu, wenn der Tölt-Takt annähernd stabil ist und man mit Biegungen und Seitengängen an Anlehnung und einer gesunden Form arbeiten kann. Aber auch fortgeschrittene Pferde oder Korrekturpferde profitieren von Ruhe im Pferdemaul. Tölten im Knotenhalfter, am Halsring oder nur mit Nasenriemen ist Ausdruck eines vertrauensvoll, gehorsam und sicher im Tölt ausgebildeten Pferdes und macht Pferd und Reiter viel Freude. Aufgrund der mangelnden Einwirkungsmöglichkeiten dieser Zäumungen sind sie für eine gymnastische Ausbildung des Pferdes weniger geeignet.

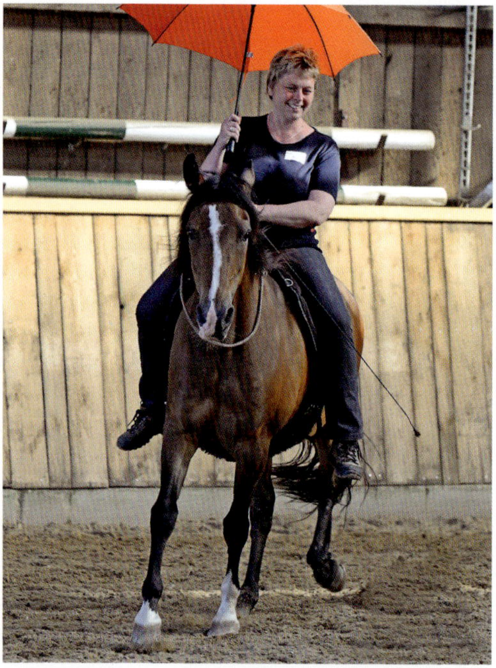

Tölt am Halsring zeugt von einer vertrauensvollen Ausbildung und ist ein gutes Show-Element. Hier: Paso Fino Secundus mit Kati Ebberfeld

Dies ist nicht das Buch, um gebissloses Reiten zu erklären. Ich möchte jedoch zwei gebisslose Zäumungen vorstellen, mit denen ich bei der Ausbildung von Gangpferden gute Erfahrungen gesammelt habe.

a) Kolumbianisches Bosal

Das Kolumbiansiche Bosal ist eine lederne Zäumung, die mit den südamerikanischen Gangpferden nach Europa gekommen ist. Der obere Zügel ist am Nasenteil (Bosal) befestigt und ermöglicht die Links-Rechts-Stellung des Genicks. Der untere Zügel ist am Kinnriemen (Barbada) befestigt und ermöglicht eine leicht beizäumende Wirkung. Dies macht das Kolumbianische Bosal so vielseitig einsetzbar und gestattet auch fortgeschrittene Ausbildungsschritte, wie Seitengänge und Versammlung. Ein Kolumbianisches Bosal kann gut mit einer Trense oder Kandare kombiniert werden. Je nach Bedarf lässt man dann den oberen Zügel für den Einfluss auf die Stellung oder den unteren Zügel für die Beizäumung eingeschnallt.

b) Kalifornisches Bosal

Das Kalifornische Bosal (auch Hackamore) ist mit den Vaqueros Lateinamerikas in die USA

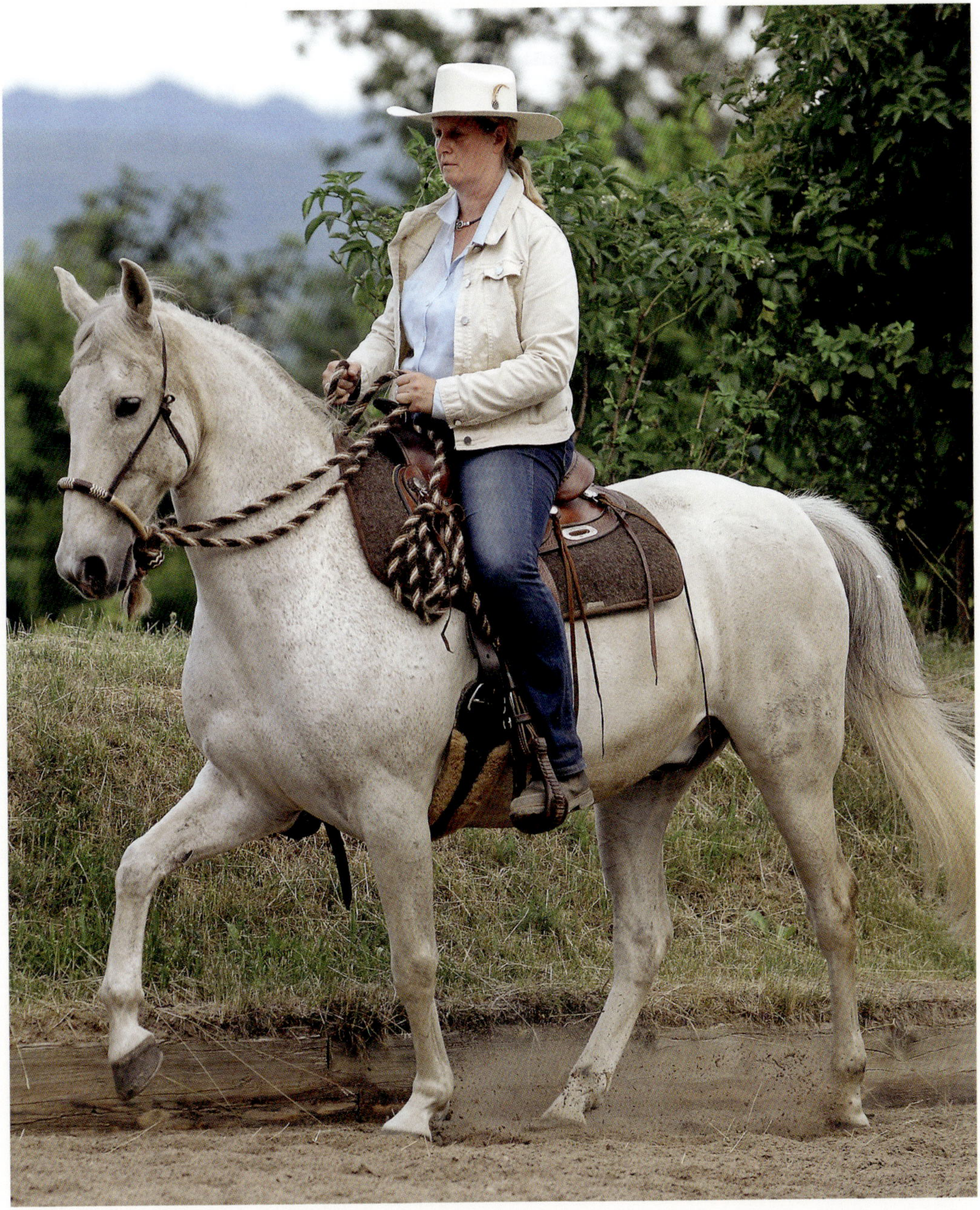

Das Kalifornische Bosal (Hackamore) ermöglicht eine sehr differenzierte Einwirkung und kann gut zum gebisslosen Tölten eingesetzt werden. Paso Iberoamericano Nuno

und von dort nach Europa gekommen. Es ist aus Rohhaut geflochten und wird mit einem Zügel (Mecate) geritten, der unten am sogenannten Heelknot befestigt ist. Über eine seitlich weisende Einwirkung des Zügels nimmt es Einfluss auf die laterale Biegsamkeit des Pferdes. Über eine Einwirkung am Heelknot hat es eine beizäumende und aufrichtende Wirkung. Aufgrund dieser beiden Wirkeigenschaften ist es, wie das Kolumbianische Bosal, ebenfalls für eine fortgeschrittene, Tragkraft fördernde Ausbildung oder auch lebenslanges Beibehalten geeignet. Es kann im Zuge der Ausbildung ebenfalls mit einem Gebiss kombiniert werden.

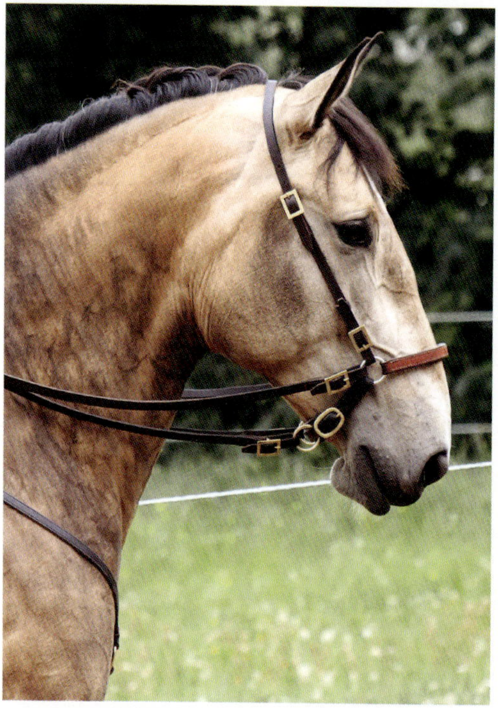

Die vier Zügel des Kolumbianischen Bosals machen diese gebisslose Zäumung vielseitig und auch für fortgeschrittene Ausbildung einsetzbar. Lusitano Latina

Beschlag, Glocken, Ballenboots und Co.

Eine Einflussnahme auf den Pferdehuf zur Förderung des Tölts ist weit verbreitet. Wird eine Vorführphase, Stützphase oder Abstemmphase verlängert oder verkürzt, ändert sich die gesamte Balance des Pferdes und hat damit nachhaltige Wirkung auf den Gang.
Ich persönlich möchte mit Hufbearbeitung, Beschlag oder Bekleb immer nur einen Abriebschutz herstellen oder einen notwendigen orthopädischen Einfluss nehmen. Reiterliche Qualitäten möchte ich erarbeitet und erritten wissen. Es sollte nicht aus Ungeduld oder mangelndem reiterlichen Vermögen Einfluss auf den Huf und die Bewegungsführung des Beines genommen werden.
Aber: Ausnahmen bestätigen bekanntlich die Regel ... Bei sehr stark passveranlagten Pferden (sei es genetisch oder ausbildungstechnisch bedingt) kann es sinnvoll sein, eine begrenzte Zeit lang auf Beschlag, Glocken oder Ballenboots an der Vorhand zurückzugreifen. Damit wird die Bewegung der Vorhand größer gemacht und das Vorderbein wird zeitlich nach dem gleichseitigen Hinterbein aufsetzen. Das Reiten im Pass ist langfristig gesundheitsschädlich und sollte daher immer schnellstmöglich „bearbeitet" werden. Der Beschlag kann jedoch nur ein kleiner, zeitlich begrenzter Teil der Arbeit an einer sehr ausgeprägten Pass-Korrektur sein. Vorrangig müssen alle anderen Ursachen beseitigt werden, um das Pferd in eine Balance zu bringen, die vom ganzen Körper – und nicht nur von den Beinen – ausgeht.
Da Trab kein gesundheitsschädigender Gang ist, der schnell korrigiert werden muss, sollte ein trabiges Pferd in erster Linie über eine entsprechende Ausbildung in eine Balance zum Tölten gebracht werden. Zeigt ein Gangpferd „zu viel"

Trab, liegt es an mangelnder genetischer Disposition zum Tölten, an fehlender Kraft und Ausbildung, an mangelndem Hilfenverständnis oder falscher reiterlicher Einwirkung.
Ein Sportpferd, das einer hohen körperlichen Belastung, teilweise auf harten Ovalbahnen in schnellem Tempo ausgesetzt ist, braucht gut geschützte Hufe (Glocken), eine gute Stoßdämpfung für die Gelenke (Silikon, Lederplatte) und Sicherheit gegen Rutschen (Stifte, Stollen). Was an Gewicht oder Huflänge darüber hinaus geht, um den Ausdruck des Pferdes spektakulärer zu gestalten, ist Ansichtssache. Änderungen der natürlichen Hufform mit dem Ziel vermehrter Bewegungsweite und –höhe bergen immer gesundheitliche Risiken: die Änderung der Statik setzt sich von unten nach oben durch alle Gelenke, Bänder, Sehnen und Muskeln fort und beeinflusst die gesamte Balance des Pferdes. Zudem kann es direkte Störungen des Hufmechanismus, der Hufrolle oder der Beugesehnen geben. Eine Manipulation der Hufe wie es in US-amerikanischen Gangpferde-Shows üblich ist, ist in Deutschland und Europa in Prüfungen weder erlaubt, noch im Privat-Bereich erwünscht. Die Prüfungsordnungen für Islandpferde (FIPO) und für Gangpferde (IGV-PO) legen Huflänge und -form sowie Beschlagsregeln genau fest.

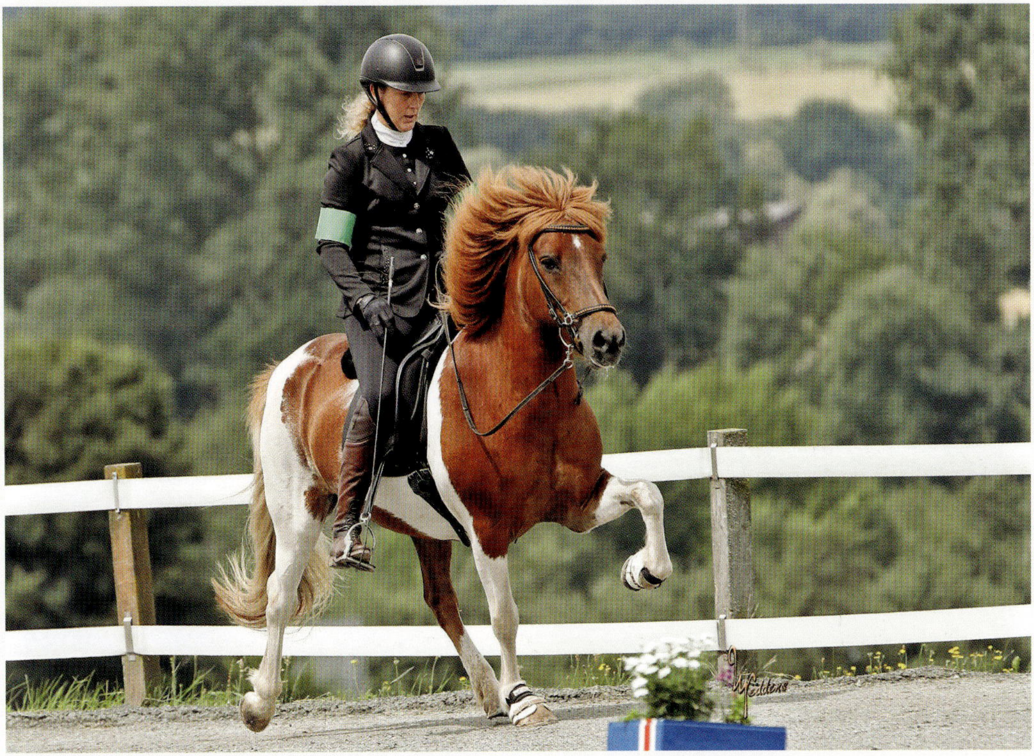

Ein Pferd im sportlichen Einsatz braucht einen entsprechenden Beschlag und Hufschutz. Islandpferd Bara mit Sarah Seifert

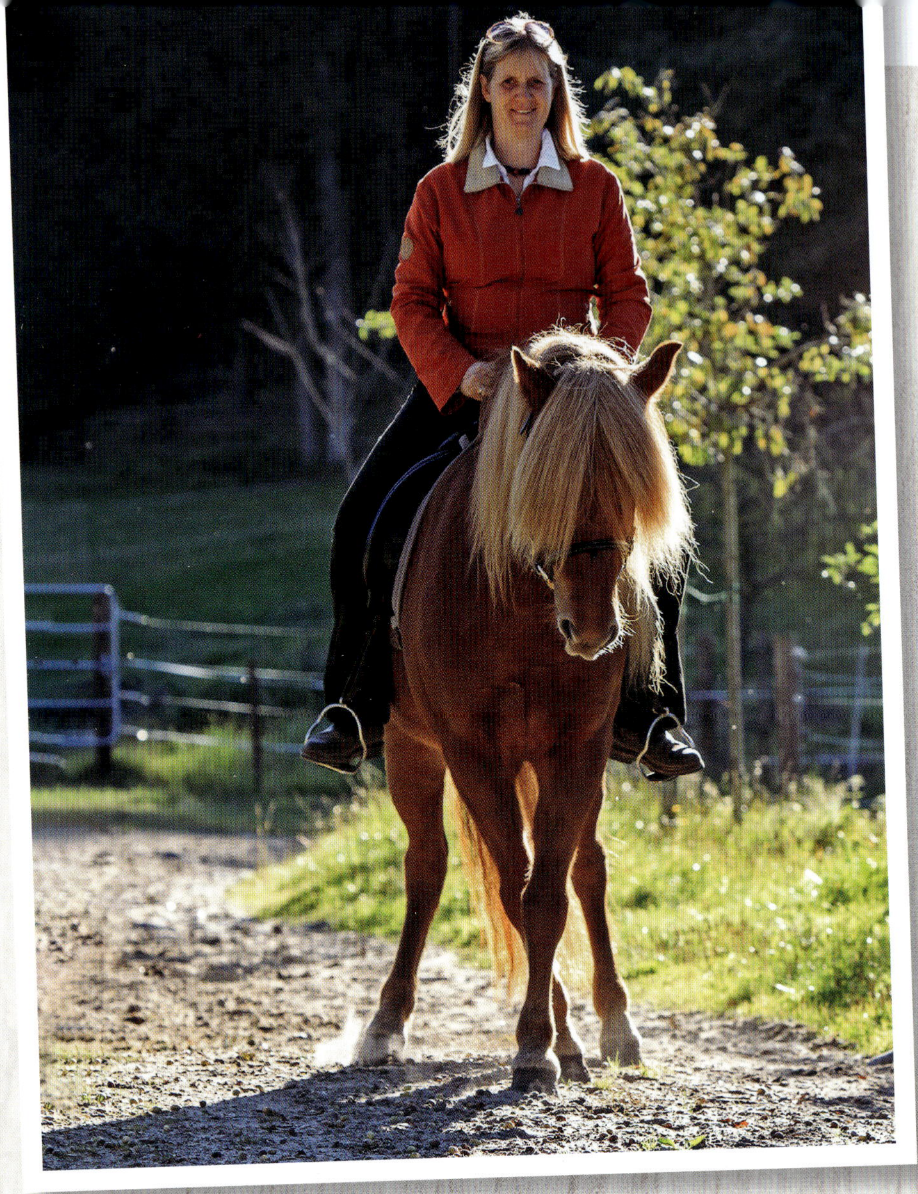

Islandpferd Snilld

IV. Gymnastizierung von Gangpferden

Die Leichtigkeit und Lebensfreude, die man mit einem guten Tölter erlebt, machen süchtig. Und so tölteten sie glücklich bis an ihr Lebensende ... So könnte es eigentlich immer weitergehen! Der einmal gefundene Tölt-Takt bleibt jedoch leider nur bei wenigen Pferden zeitlebens stabil. Der Takt will fortwährend unterstützt und in Balance gehalten werden.
Zum Erhalt der Tragfähigkeit beginnt nun die Gymnastizierung und weitere Formgebung. Es ist ja eine Wechselwirkung: Je besser das Pferd gymnastiziert ist, desto besser wird es den Tölt finden und halten. Und je sicherer das Pferd den Takt gefunden hat, desto besser wird es in diesem Gang zu gymnastizieren sein.
Die Vorstellung „ich will ja nur ein bisschen bequem ausreiten" entbindet den Reiter nicht von der Verantwortung für die Gesunderhaltung seines töltenden Pferdes.

1. Tragfähigkeit im Tölt

Eine Rückenstabilität im Tölt kommt unter den gleichen Voraussetzungen zustande wie in allen anderen Gangarten. Sie ist abhängig von einem graduell abgekippten Becken, einer energisch in Richtung Schwerpunkt abfußenden Hinterhand, einer gut trainierten, antagonistisch arbeitenden Bauchmuskulatur, einem angehobenen Brustkorb, einem entspannten Unterhals und beweglichen Unterkiefer bei leichtem Genick.
Da der Tölt eine sehr komplexe Gangart ist, die mit viel Energie und Körperspannung ausgeführt wird, ist es anspruchsvoller, das Pferd über den Rücken zu reiten, als in den schwungvollen Gangarten Trab oder Galopp. Im Tölt ist die Gefahr, einen nicht-tragfähigen Rücken zu übersehen, leider relativ groß. Das rührt daher, dass der Tölt sowohl aus positiver, gezielter

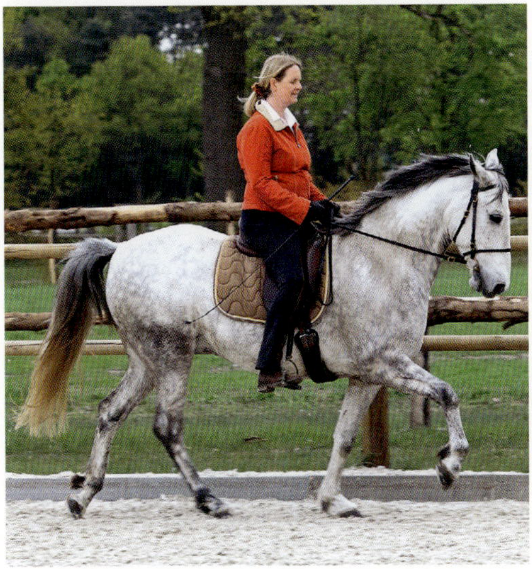

Dressurmäßige Gymnastizierung macht das Pferd im Tölt tragfähig. Paso Iberoamericano Nuno

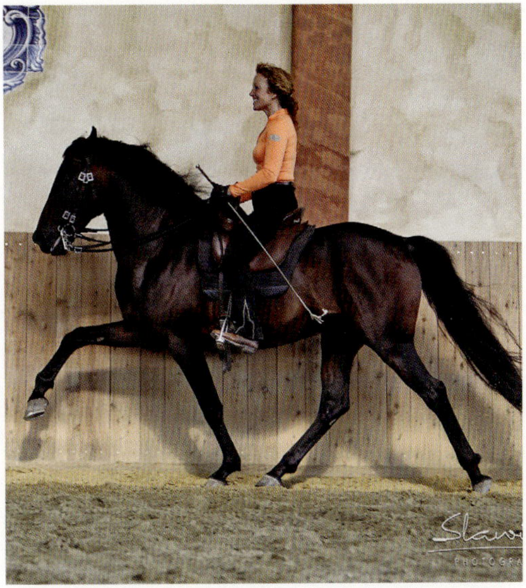

Freude am Tölt setzt eine gesunde Gymnastizierung voraus. Paso Iberoamericano Bandreao mit Andrea Jänisch

Energie und Anspannung als auch aus negativer Verspannung entstehen kann. Taktklarheit und Sitzbequemlichkeit sind keine zuverlässigen Zeichen für gesunden Tölt. Der Tölt-Reiter braucht ein sehr differenziertes, geschultes Gefühl, um den Unterschied zwischen „locker über den Rücken" und „spannig, aber dennoch bequem" zu erfühlen.
Häufig wird nur die Arbeit in Versammlung oder die Dehnungshaltung in schwungvollen Gangarten als rückenförderlich verstanden. Dies sind Haltungsformen, die in ihrer Vollendung im Tölt nicht herzustellen sind. Bestimmend für die Gesunderhaltung und Tragfähigkeit im Tölt ist, ob das Pferd beweglich, biegsam, tempo- und haltungsvariabel bleibt; ob man sich einer gedehnten oder versammelten Haltung annähern kann. Losgelassen arbeitende Rückenmuskulatur zeigt sich im Tölt u. a. in einer sicheren Taktstabilität in allen

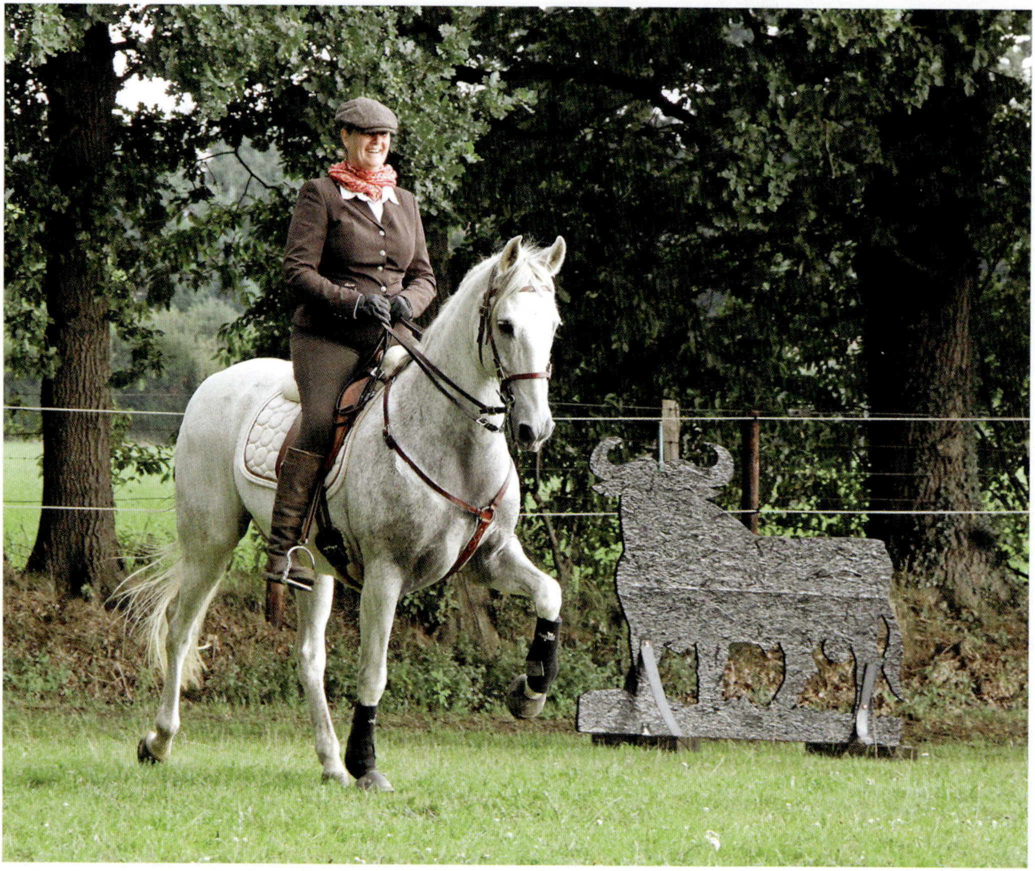

Bestimmend für die Gesunderhaltung des Pferdes ist, ob es auch im Tölt beweglich, leicht, tempo- und haltungsvariabel bleibt. Paso Iberoamericano Nuno, versammeltes Gleichgewicht für die Stil-Trail Prüfung im Working-Equitation-Wettbewerb.

Biegungen und Tempi, am frei pendelnden, nicht eingeklemmten oder schlagenden Schweif und in einer gleichmäßigen Atmung (siehe auch Kapitel „Losgelassenheit").
Horizontales Gleichgewicht, Dehnung und Versammlung sind Balanceformen, die die tragende Muskulatur des Pferdes trainieren. Es sind jedoch keine „Endzustände", die man einmal erreicht und dann dauerhaft beibehält. Vielmehr gilt es, alle Zwischenstufen im Wechsel zu reiten, um das Pferd durchlässig, locker, beweglich und gesund zu erhalten.
Wie in jeder anderen Gangart ist diese Form der Rückentätigkeit auch im Tölt nur bis zu einer bestimmten Geschwindigkeit umsetzbar. Wenn man für Show, Sport oder Renntempi darüber hinausgehen möchte, braucht das Pferd mehr Länge, Streckung im Körper und mehr Öffnung in der Ganasche.

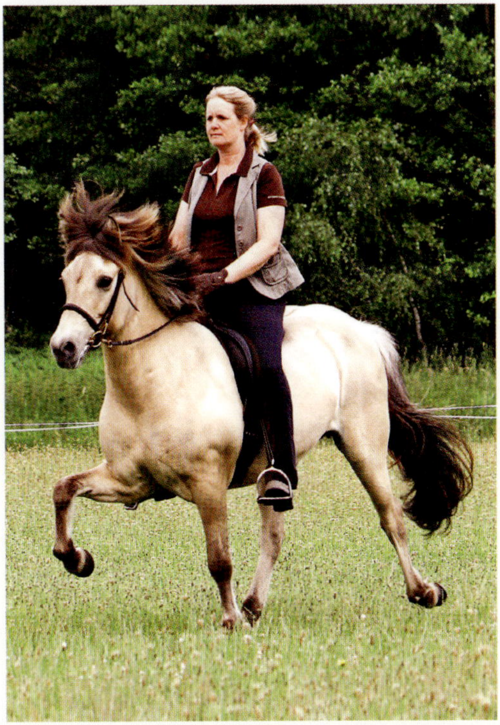

Die freie Selbsthaltung ist kein Endzustand, sondern ein Schritt auf dem Weg zu einer Selbsthaltung im horizontalen oder graduell versammelten Gleichgewicht. Islandpferd Alrun

2. Haltung und Formgebung im Laufe der Tölt-Ausbildung

Im Laufe der Tölt-Ausbildung durchläuft das Pferd verschiedene Haltungsformen.

Freie Selbsthaltung

Bei der Tölt-Ausbildung des Pferdes sollte man anstreben, dass es möglichst bald in eine freie Selbsthaltung findet. Je nach Gangveranlagung und Geschick des Ausbilders findet sich diese Haltung in einem bestimmten Tempo und Rahmen bei jedem Pferd (siehe Kapitel II. „Tölt ausbilden, eintölten"). Hier finden die Pferde recht gut zu einer ersten Takt-Sicherheit. In der freien Selbsthaltung ist das Genick des Pferdes oben, es ist noch nicht beigezäumt. Bei den meisten Pferden ist dies eine recht hohe, freie Haltung. Entscheidend bei der Beurteilung dieser Körperhaltung ist, dass das Pferd NICHT durch aktive Einwirkung des Reiters in die (noch) zu hohe Haltung gebracht wurde. Es nimmt sie selber ein, um Balance in der Anforderung Tölt zu finden.
Diese Haltung ist kein Endzustand, sondern ein Schritt auf dem Weg zum gesunden Tölt. Sie ist als erstes Gleichgewicht zu Beginn einer Tölt-Ausbildung vorstellbar. Von dort aus kann ein horizontales Gleichgewicht angestrebt werden und die weitere gymnastizierende Tölt-Ausbildung erfolgen.

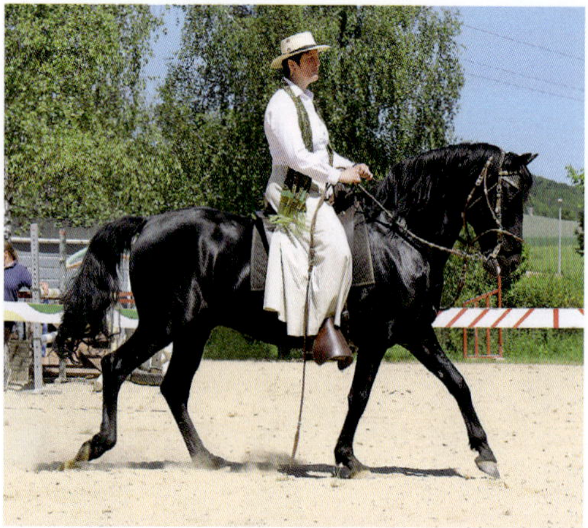

Mit leichter Hand im horizontalen Gleichgewicht.
Paso Peruano Mezcal mit Sandra Eggert

Wichtig: Horizontales Gleichgewicht beinhaltet ein aktives Hinterbein und eine graduell gewölbte, wenn auch noch lange, Oberlinie. Es darf nicht mit einem nicht angefassten, auseinandergefallenen Pferd verwechselt werden. Das wäre ungesund.

Graduelle Versammlung

Mit dem Fortschreiten der Gymnastizierung und Ausbildung des Pferdes, wird es ihm möglich werden, seinen Schwerpunkt im Tölt immer mehr Richtung Hinterhand zu verschieben. Die versammelnden Elemente des Tölts nehmen zu: die Hinterbeine fußen mit deutlicher Hankenbeugung und gehen nicht weiter hinten heraus

Horizontales Gleichgewicht

Das horizontale Gleichgewicht ist ein individuell dem Pferd angepasstes Gebrauchsgleichgewicht. Das Pferd bewegt sich in einer wenig aufgerichteten Haltung, bei einem nur leicht abgekippten Becken, mit einem weichen Gebisskontakt und gradueller Beizäumung. Diese Form befähigt das Pferd zu einer unverspannten Rückentätigkeit. Kombiniert mit Biegungen oder der Arbeit in Stellung kann aus dieser Form heraus der Tölt versammelter entwickelt werden, z. B. zur vermehrten Gymnastizierung. Oder er kann in einer gedehnten Form geritten werden, z. B. als gesunde Haltungs-Variation. Es ist eine Basis-Form, zu der man immer wieder zurückkehren können sollte. Häufig wird diese Form auch als Arbeitsgleichgewicht bezeichnet.
Dies ist eine sehr ökonomische Gebrauchshaltung, in der ein Pferd auch längere Strecken im Tölt gut gehen kann. Sie bietet sich zum Beispiel für das Wanderreiten an.

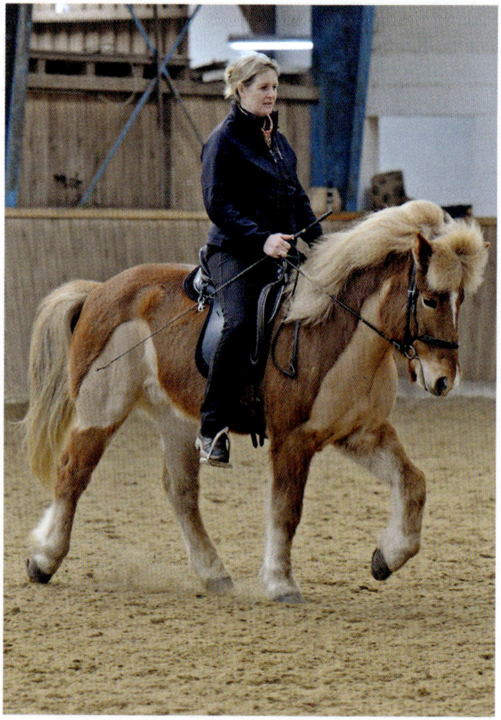

Graduelle Versammlung im Tölt. Islandpferd Fjórdungur

als bis zum Sitzbeinhöcker des Pferdes, das Pferd ist aus einer breiten Halsbasis heraus deutlich aufgerichtet und beigezäumt. Das Vorderbein unterstützt lotrecht das Anheben des Brustkorbs, der Rücken ist angehoben. Diese versammelte Haltung wird auch als dressurmäßige Haltung bezeichnet und z. B. als sogenanntes Arbeitstempo in Töltprüfungen verlangt. Diese relative Aufrichtung ist der Gymnastizierung und dem Erhalt der Tragfähigkeit des Pferdes in hohem Maße zuträglich. Variationen im Wechsel mit horizontaler oder leicht gedehnter Haltung, sollten mit jedem Tölter angestrebt werden. So kann der Rücken des Pferdes und die Tragkraft im Tölt aufgebaut, verbessert und erhalten werden.

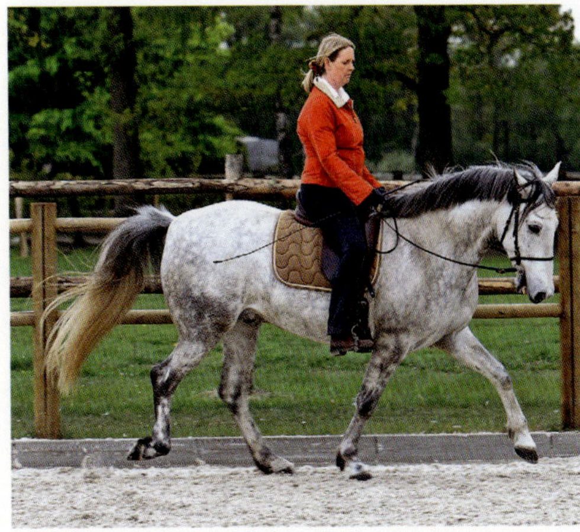

Das Pferd kann im Tölt eine gedehnte Form als kurzzeitige Haltungs-Variation annehmen. Paso Iberoamericano Nuno

Dehnungshaltung und Zügel aus der Hand kauen lassen

In der Dehnungshaltung senkt sich die Kopf-Hals-Achse bis auf Buggelenk-Höhe, der Winkel Genick-Hals ist deutlich offen, die Hinterhand tritt weiterhin aktiv unter und die Wölbung in der Oberlinie bleibt bestehen.

Eine Überprüfung des gut arbeitenden Rückenmuskels in Form von Zügel aus der Hand kauen lassen ist im Tölt nur bei wenigen Pferden möglich. Sie müssen dazu eine stark ausgeprägte Tölt-Veranlagung haben oder sehr fortgeschritten ausgebildet sein. Der An- und Abspannrhythmus der Rückenmuskeln ist im Tölt so schnell, dass eine längerfristige Dehnung schwierig ist. Zudem widerspricht die vorwärts-abwärts geneigte Kopf-Hals-Stellung der natürlichen Balance des Tölts. Es droht immer ein Taktverlust. Wichtig für die Ausbildung des Pferdes ist allein das zuverlässige „Abwärts-Suchen" als Reaktion auf die nachgebende Reiterhand. Eine gute Möglichkeit besteht darin, die Pferde im Tölt in ihrem Rahmen ein wenig zu variieren, sie etwas länger, etwas tiefer einzustellen. Kleinste Änderungen in der Genick- und Halsstellung haben schon einen Effekt auf die An- und Entspannung der Oberlinie und damit eine positive Rückwirkung auf die Tätigkeit der Muskulatur. Der entscheidende Punkt ist, nicht längere Zeit in dieser Haltung zu verbleiben, sondern die Zügel – vielleicht nach einer langen Seite oder einem Zirkel in gedehnter Haltung – wieder aufzunehmen und in einem aufgerichteten Gleichgewicht weiterzuarbeiten.

Sportliche Haltung

In Tölt-Prüfungen möchte man die Pferde in hohem Tempo, mit viel Schubkraft und gleichzeitig hoher Aufrichtung und Vorhandaktion sehen. Diese Haltung hat sich aufgrund des spektakulären Gesamtbildes aus den Anforderungen sportlicher Wettbewerbe entwickelt. Diese sportliche Form sollte nur kurzzeitig für den Einsatz im Sport oder in der Show verlangt werden. Um keinen körperlichen Schaden davon zu tragen, ist ein durchdachtes Kraft- sowie Ausgleichstraining notwendig.

Tölt am losen Zügel und Westernreiten im Tölt

Das Tölten am losen Zügel ist ein erstrebenswertes Ziel der Ausbildung, das man sich erarbeiten kann. Es darf nicht mit auseinandergefallenem Reiten verwechselt werden. Es wird nicht dadurch hergestellt, dass der Reiter den Zügel nicht anfasst und das Pferd über seine Formgebung selbst entscheiden lässt. Tölt am losen Zügel kann immer nur ein Ergebnis guter Ausbildung sein. Auf dem Weg dahin, kommt man über eine Form der Anlehnung (wie leicht auch immer), also eine Kommunikation über Gebiss oder Nase, nicht herum. Eine leichte Form der Anlehnung ist bei den meisten Gangpferden die Voraussetzung, um ein Tempo, eine Balance und eine bestimmte Spannungssituation und damit den Tölt-Takt halten zu können. Anderenfalls wechseln die Pferde fließend zwischen den Gangarten. Naturtölter, wie z. B. Paso Peruanos, Paso Finos, Rocky Mountain Horses, die mindestens im horizontalen Gleichgewicht sicher tölten können, bieten sich für das western-orientierte Reiten an.

In manchen Tölt-Prüfungen ist das Tölten am durchhängenden Zügel ein Prüfungsbestandteil. Die Pferde behalten dabei Form, Aufrichtung und Takt bei. Die Voraussetzung, um so zu reiten, ist ein wenig Talent beim Pferd und dazu eine gute Ausbildung, die das Pferd befähigt, am Sitz und mit leichter Hand geritten zu werden.

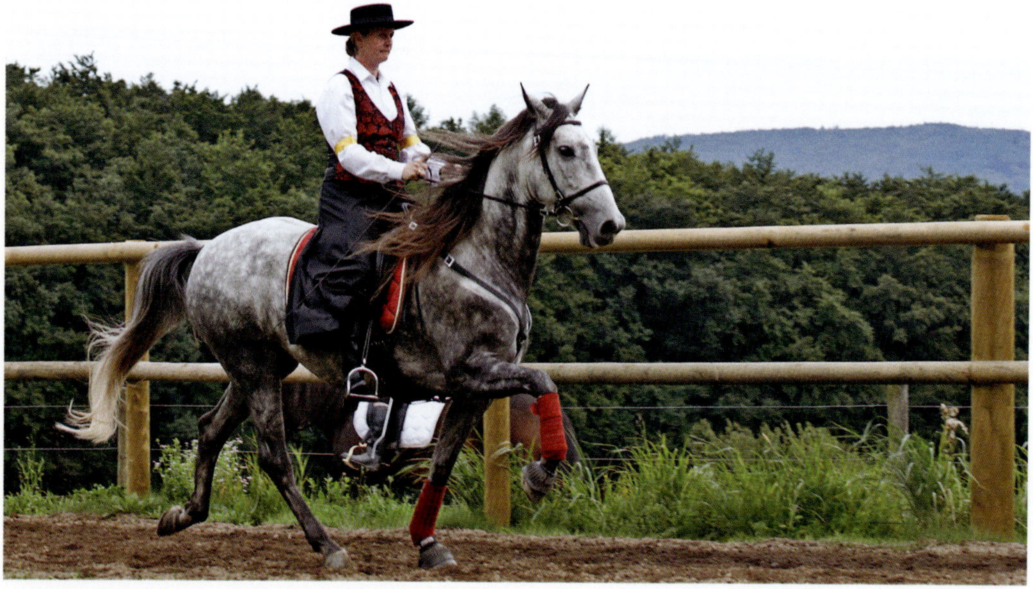

Eine sportliche Haltung mit viel Tempo, Aufrichtung und Vorhandaktion kann immer nur zeitlich begrenzt und mit entsprechendem Ausgleichstraining verlangt werden.

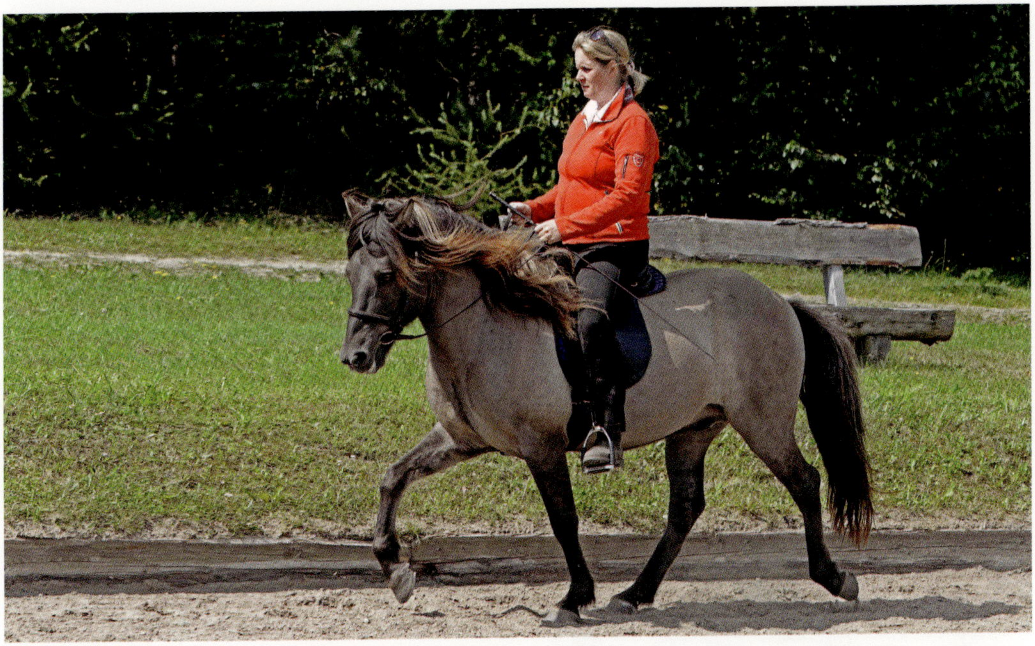

Tölt am losen Zügel ist ein erstrebenswertes Ziel. Es darf nicht mit auseinandergefallenem Reiten verwechselt werden. Hier: Islandpferd Gandur am losen Zügel in einem losgelassenen Arbeitsgleichgewicht.

Ungesunde Haltungen im Tölt

Auf dem Weg zum gesunden, schönen Tölt sollten einige Körperhaltungen vermieden und nötigenfalls schnellstens korrigiert werden. Das Reiten mit einem konkaven, nach unten hängenden Rücken bei absolut aufgerichtetem Hals und herausgestellter Hinterhand führt immer zu gesundheitlichen Schäden. Das geht von erster „Rückenempfindlichkeit" und Zügellahmheit weiter zu Ungleich-Treten und diffusen Lahmheiten bis Hufrollenerkrankungen, Spat, Sehnenschäden oder Kissing Spine. Oft geht es einher mit Angst-Temperament und gravierenden Anlehnungsfehlern. Bei diesen Pferden ist die Vorhandmuskulatur häufig auffällig stärker ausgeprägt als die der Hinterhand. Der Rücken ist oft dachförmig statt breit bemuskelt; die Wirbelsäule steht heraus.

Die Ursache dieser Form kann in einem falschen Verständnis des Tölt-Reitens oder in einem zu frühen Eintölten liegen (siehe Kapitel „Eintölten"). Massives Treiben und aktives Gegenhalten mit der Hand provoziert eine Muskelanspannung in Zunge, Genick und Hals und führt zur Blockade von Rücken und Hinterhand. Verstärkt wird dieser Effekt durch ein bewusstes Zurücksetzen im Sattel, einen zu weit hinten aufgelegten Sattel, Sättel mit zu weit nach hinten gelegtem Schwerpunkt oder ein zu hohes Reitergewicht. Das an einer schwachen Stelle des Rückens einwirkende Reitergewicht lässt den Langen Rückenmuskel kontrahieren, er erhöht dauerhaft den Tonus, verspannt sich. Dies führt zu einer festgestellten Lendenpartie und einem überstreckten Übergang zwischen Hals- und Brustwirbelsäule, bei dem der Widerrist zwischen den Schulterblättern absinkt. Diese Rückenform provoziert ein Hochziehen des Halses, das Nackenband und die Oberhalsmuskulatur sind inaktiv. Die Hinterbeine schieben steif nach vorne. Der Rücken ist damit nicht tragfähig. Problematisch ist, dass auch aus dieser ungünstigen Haltung heraus trotzdem taktklarer Tölt entstehen kann; häufig sogar verbunden mit viel Vorhand-Aktion und Tempo. Körperliche Kennzeichen sind weggedrückte Rücken, gerade durchgestreckte Hinterbeine mit hoher Kruppe, hochgerissene Köpfe, rollende Augen, laute stoßweise Atmung, hektisches Kauen auf dem Gebiss, Sperren, angespannte Unterhälse, ein festes Genick, Tribulieren (siehe Extra-Kasten) oder ein „In-sich-Verkriechen" und nicht mehr Vorwärtskommen. Es folgen in allen Gangarten Angst vor der Hand, diverse Anlehnungsfehler, Durchgehen oder hartnäckiger „Schweinepass". Diese Form des Töltens ist als stark gesundheitsschädigend abzulehnen und schnellstmöglich zu korrigieren.

Auch eine eingerollte Haltung im Tölt ist zu vermeiden. Sollte ein Pferd versehentlich einmal in diese Form geraten, z. B. weil es noch nicht

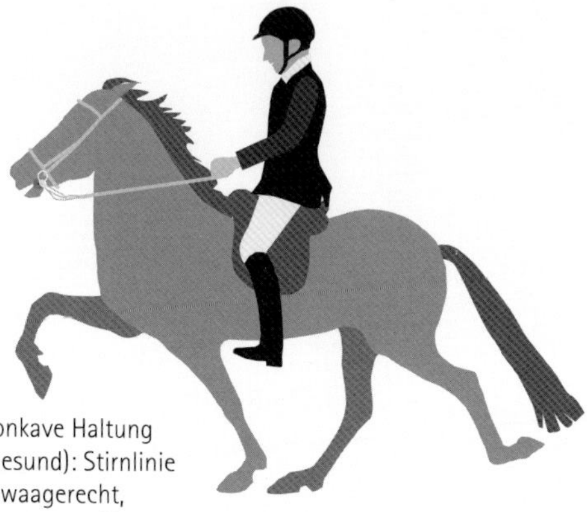

1. Konkave Haltung (ungesund): Stirnlinie fast waagerecht, angespannter Unterhals, eingesunkener Widerrist, abgesunkene Lende hinter dem Sattel, Rücken hohl (konkav), durchgetretenes Fesselgelenk hinten rechts.

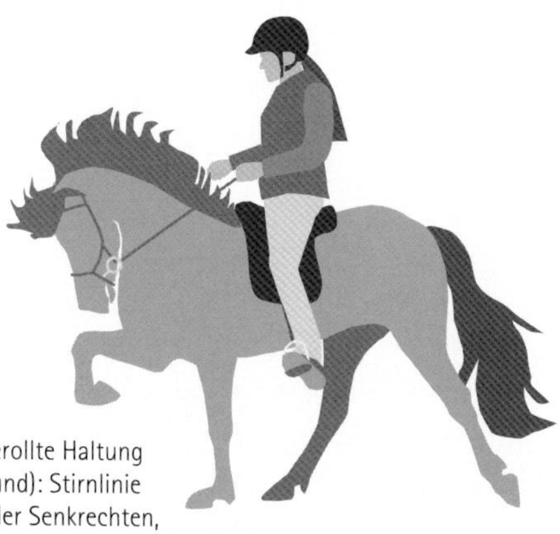

2. Eingerollte Haltung (ungesund): Stirnlinie hinter der Senkrechten, falscher Knick, Nase fast an der Brust, Ohrspeicheldrüse gequetscht, abgesunkene Lende hinter dem Sattel, durchgetretenes Fesselgelenk vorne rechts.

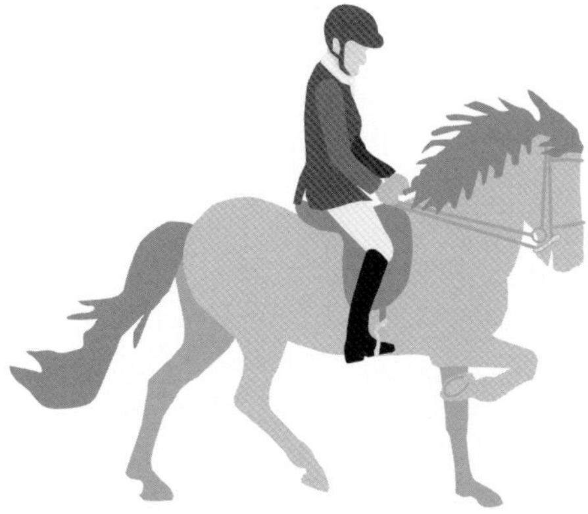

3. Aufgekröpfte Haltung (ungesund): Über die Hand „in Haltung" gebracht, Ganasche rangepresst, Ohrspeicheldrüse gequetscht, Unterhals herausgedrückt, Kruppe hochgedrückt, vorne links durchgetretenes Fesselgelenk und vorständig.

genug tragfähige Muskulatur und dehnfähige Oberlinie entwickelt hat, ist über Gymnastizierung, Seitengänge, Übergänge und Vortreiben vordringlich daran zu arbeiten, dass das Pferd mit der Hals-Nasenlinie wieder vor die Senkrechte kommt.

Wenn die Stirnlinie jedoch durch eine stark nach hinten-unten einwirkende Hand oder durch den falschen Einsatz von Kandaren und Hilfszügeln gezielt hinter die Senkrechte gebracht wird, ist das als tierschutz-relevant abzulehnen. Das Pferd wird damit einer funktionellen Rückentätigkeit beraubt.

Wenn ein Pferd über die Hand „in Haltung gebracht" wird, kann eine aufgekröpfte Haltung entstehen. Sie wirkt auf den ersten Blick erstmal rund und beigezäumt. Schaut man genauer hin, sieht man, dass das Genick über die Zügel „herangezogen" wurde, die Ohrspeicheldrüsen und der Unterhals sind herausgedrückt. Der Widerrist ist abgesunken, ebenso die Lende hinter dem Sattel. Das Hinterbein ist gerade, nicht gebeugt. Dieses Pferd wurde über massive treibende und vorne gegenhaltende Einwirkung zusammengequetscht. Auch diese Haltung ist als grob und gesundheitsschädigend abzulehnen.

3. Die Skala der Ausbildung im Tölt

Die Skala der Ausbildung des Pferdes, wie sie von der Deutschen Reiterlichen Vereinigung (FN) vorgegeben und von vielen Reitern angenommen wird, ist nicht 1:1 mit einem Gangpferd umsetzbar. Man muss bedenken, dass sie ursprünglich aus der Heeresdienstvorschrift 12 entwickelt wurde, um Pferde für den militärischen Dienst einsatzfähig zu machen. Für Gangpferde war sie nie vorgesehen. Nichtsdestotrotz gibt sie Leitlinien vor, die man individuell angepasst auch beim Tölter berücksichtigen kann.

Extra-Info: Passt die „FN-Skala" zum Gangpferd?

Die FN-Skala der Ausbildung, ob man sie erweitern, umstellen oder für das Gangpferd gar ganz erneuen müsste, ist immer mal wieder Diskussionspunkt unter Trainern. Manche Gangpferde machen aufgrund ihrer Gangveranlagung und ihres Gebäudes eine Anwendung der Skala nicht möglich. So z. B. wenn eine fehlende Schwebephase gar keine Schwungentwicklung ermöglicht. Oder wenn eine züchterisch erwünschte hohe Trittfrequenz gar keine Versammlung zulässt. Oder wenn die Gangveranlagung eines Naturtölters es nicht sinnbringend macht, Schubkraft vor Tragkraft zu entwickeln. Überdenkenswert ist zudem, dass Punkt 5, die Geraderichtung, erst so spät im Ausbildungszyklus berücksichtigt wird. Denn erst das geradegerichtete Pferd kann zu einer reellen Anlehnung und zu einem gleichmäßigen Takt finden.

Takt

Takt definiert sich durch ein zeitliches und räumliches Gleichmaß in allen Schritten, Tritten und Sprüngen. Wie schon zu lesen war, kann sich dieser erste Schritt der Skala für einen Tölter sehr langwierig gestalten. Das Abgrenzen der einzelnen Gangarten voneinander und sie auf Wunsch „schaltbar" zu machen, ist anspruchsvoll. Die Abgrenzung der einzelnen Gangarten voneinander, die Gangtrennung, ist beim Gangpferd nicht immer klar vorgegeben: beim Gangpferd sind Taktverschiebungen in viele Varianten möglich.
Takt finden, Takt halten, Takt absichern begleiten den Gangpferdereiter und sein Pferd ein Leben lang. Der Takt ist nicht nur der erste Schritt in der Skala der Ausbildung. Bei manch einem Pferd und manch einer Gangveranlagung wird er sogar das vorrangige Ziel der Ausbildung bleiben, bei dessen Erreichen der Reiter schon sehr stolz sein kann.
Das Erreichen eines stabilen Taktes erfordert viel Kenntnis und Körperkoordination vom Reiter. Jede Gangart, jede Lektion, ist mit einer bestimmten Balance und Emotion assoziiert; diese gilt es herzustellen und beizubehalten, um einen bestimmten Takt zu finden. Ist das Pferd abgelenkt, ist es aufgeregt oder müde, wechseln die Bodenverhältnisse, ändert sich die Position des Reiters, so ändert sich sofort seine gesamte körperliche Balance. Und damit kann sich auch direkt der Tölt-Takt verändern.

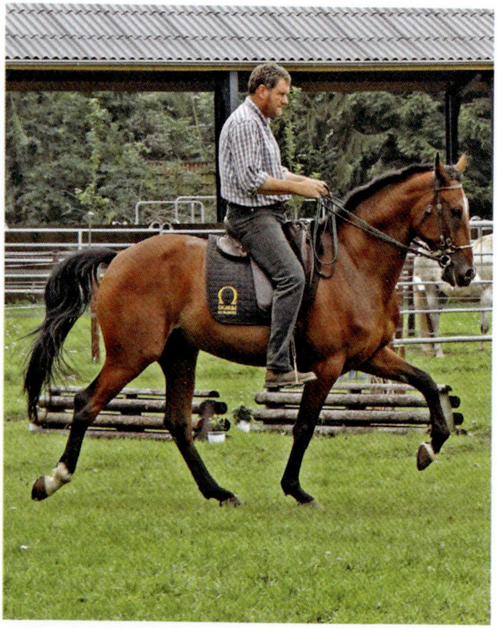

Taktklar in guter Balance. Töltender Traber Bonus mit Stephan Vierhaus

Losgelassenheit

Losgelassenheit zeigt sich im Tölt wie in allen anderen Gangarten in einem gleichmäßigen An- und Abspannen der Muskulatur bei einem willigen und entspannten Gemüt.
Kennzeichen von Losgelassenheit im Tölt ist unter anderem das stabile Beibehalten des Taktes: Ein Pferd, das mal schneller, mal langsamer wird, mal passig und mal trabig geht, spannt seine Muskulatur nicht gleichmäßig an- und ab. Es hat mit Balance und Energieverlusten zu kämpfen. Dazu kommen die kooperative Annahme stellender und biegender Hilfen, die Möglichkeit den Rahmen des Pferdes im Tölt zu verlängern oder zu verkürzen. Besonders wichtig ist in diesem Zusammenhang ein frei bewegliches Genick. Es im wahrsten Sinne ein „Dreh- und Angelpunkt" für Hinterhandaktivität und die gesamte Lockerheit im Pferdekörper. Die Tölt-Bewegung muss durch den ganzen Körper fließen. Der Schweif ist locker schwingend, weder hoch angehoben noch eingeklemmt noch starr und zeigt die sogenannten Schweifwelle.

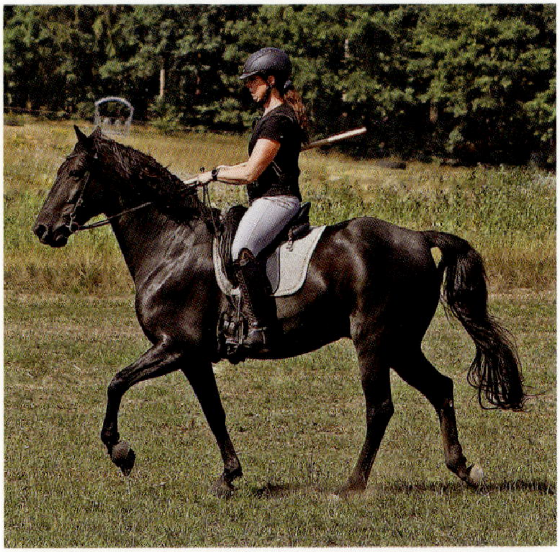

Losgelassen in freier Selbsthaltung, einhändig geritten.
Rocky Mountain Horse Jack mit Imke Klopp

Die mentale Ausgeglichenheit zeigt sich vor allem in einem ruhigen Auge, in einem entspannten, freien Ohrenspiel, einer lockeren Unterlippe. Aufgerissene Augen, ein offenes oder hektisch kauendes Maul, ein herausgedrückter Unterhals, stoßweise Atmung und ein schlagender Schweif weisen im Tölt, wie in allen anderen Gangarten, auf mangelnde Losgelassenheit hin.

Zur Herstellung und Unterstützung der Losgelassenheit im Tölt gilt es, erstmal ein sogenanntes Arbeitstempo zu entwickeln: Es ist das Tempo, in dem das Pferd sich am besten entspannen und lösen kann. Das ist von Drei- zu Vier-, zu Fünfgänger und von Pferd zu Pferd sehr unterschiedlich. Es ist daran zu erkennen, dass das Pferd in diesem Tempo ohne Widerstände arbeiten kann. Der Rücken kann sich in allen Dimensionen frei bewegen und die Bewegung stockt nicht, sondern sie fließt. Wenn das Tempo zu hoch oder zu gering ist, wird das Pferd stellende, biegende, parierende Hilfen verzögert oder schlecht annehmen, es wird häufig den Gang wechseln, es wird sich auf dem Gebiss abstützen oder in Kurven auf eine Schulter fallen. Mit anderen Worten: Es wird seine Muskulatur nicht loslassen können, nicht durchlässig sein, also nicht über den Rücken gehen.
Die klassische Überprüfung der Losgelassenheit durch das Zügel-aus-der-Hand-kauen-Lassen ist im Tölt nur mit wenigen Pferden umzusetzen. Der schnelle An- und Abspannrhythmus der Muskulatur steht einem Vorwärts-Abwärts-Dehnen entgegen; die meisten Pferde würden ihren Tölt-Takt verlieren (siehe Kapitel „Dehnungshaltung").

Extra-Info: Taktklar und losgelassen

Wichtig: Losgelassenheit zeigt sich zwar unter anderem in einem stabilen, taktklaren Tölt. Der Umkehrschluss ist jedoch nicht gültig: ein taktklarer Tölt kann (leider) auch ohne entsprechende Losgelassenheit gezeigt werden.

Anlehnung

Anlehnung beschreibt eine gleichmäßige, weiche Verbindung von der Reiterhand über den Zügel zum Pferdemaul bei aktiver Hinterhand. Je nach Einstellung – ob man mehr einer englisch, western oder iberisch-barock orientierten Reiterei zugeneigt ist – erwartet der Reiter bei der Anlehnung etwas mehr oder nur eine federleichte Verbindung.

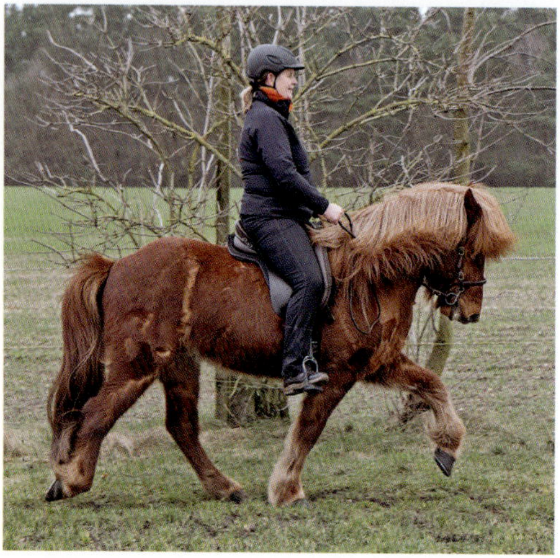

Zum Erreichen einer korrekten und leicht-möglichen Anlehnung muss das Pferd auch im Tölt ganz klassisch gymnastiziert werden. Islandpferd Narri

Zum Erreichen einer korrekten Anlehnung muss das Pferd auch im Tölt ganz klassisch in Biegungen, Seitengängen und Übergängen geschult werden (siehe Kapitel „Gymnastizierung"). Je konstanter, ruhiger und leichter (!) die Anlehnung, desto besser wird das Pferd eine gleichbleibende Balance und damit den Takt im Tölt halten.

In Reitweisen, in denen das Pferd von Beginn an und vorwiegend am losen Zügel geht, stößt man bisweilen an die Grenzen des taktmäßigen Gehens. Eine leichte Form der Anlehnung ist bei den meisten Gangpferden die Voraussetzung, um ein Tempo, eine Balance und eine bestimmte Spannungssituation zu halten. Nur dies führt zum gleichmäßigen Tölt.

Extra-Info: Zügelkontakt und Anlehnung

Man muss unterscheiden zwischen Kontakt und Anlehnung. Kontakt heißt, dass der Reiter mit dem Zügel eine vorsichtige Verbindung zur Nase oder zum Pferdemaul herstellt. Damit kann er Stellung abfragen oder den Unterkiefer lösen. Mit dem Zügel am Hals des Pferdes beeinflusst er die Position der Schulter und ggfs. die Halsbiegung. Je nach Ausbildungsstand kann das Pferd über diese Kontakt-Punkte in Biegungen, Seitengängen und Übergängen gymnastziert werden, so dass daraus dann im besten Falle eine individuelle Form der Anlehnung entsteht. Der Hals darf nicht künstlich verkürzt oder aufgerichtet und „in Haltung" gebracht werden. Anlehnung darf nicht als „Stütze" oder Druck auf das Gebiss missverstanden werden.

Schwung

Mit Schwung wird ein energisches Abfußen der Hinterhand bezeichnet, das über einen schwingenden Rücken in einer Schwebephase mündet. Dies ist in einer gelaufenen Gangart wie dem Tölt nicht umsetzbar. Wohl aber wird auch im Tölt angestrebt, dass das Pferd kraftvoll und dynamisch abfußt und die Energie über den Rücken nach vorne fließen lässt. Der Rücken hat dabei sowohl eine Rotation als auch eine wellenförmige, vorwiegend horizontale Schwingung; ein Auf-Ab, eine vertikale Schwingung entfällt.

Geraderichtung

Die Kriterien für die Geraderichtung im Tölt sind dieselben wie bei allen anderen Gangarten. Vorderbeine und Hinterbeine einer Seite sollten in der gleichen Spur fußen. Nur dann sind beide Körperhälften des Pferdes ausgewogen belastet und die Hinterhand kann gleichmäßig Gewicht aufnehmen. Eine Geraderichtung im Tölt ist die Voraussetzung dafür, den Taktfehler der Galopprolle zu vermeiden.

Für einen gesunden, stabilen Tölt sollte die Geraderichtung sehr früh in die Ausbildung des Gangpferdes eingebunden werden. Es sollte sowohl am Boden als auch unter dem Sattel frühzeitig in den Seitengängen geschult werden. Besonders korrektes Schulterherein ist unabdingbar, um die Vorhand immer wieder geraderichtend auf die Hinterhand einstellen zu können.

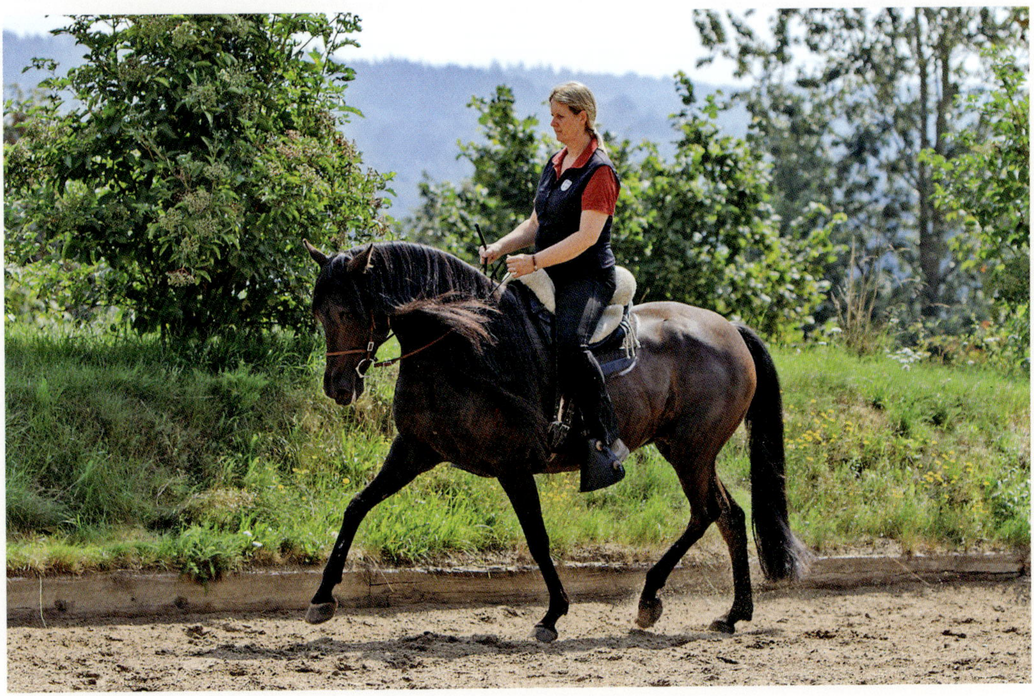

Schwung im Sinne der FN-Skala kann im Trab oder Galopp entstehen. Hier: Paso Peruano Perfeccion im Trab

Versammlung

Versammlung bezeichnet die vermehrte Tragkraft-Aufnahme des Pferdes in Form von Hankenbeugung, Brustkorb-Anheben und vermehrter Aufrichtung und Beizäumung bei lotrecht stützendem Vorderbein.
Im langsamen bis mittleren Tempo geritten, hat der Tölt versammelnde Elemente: das Becken des Pferdes senkt sich graduell, die Hinterhand tritt mehr zum Schwerpunkt und weniger hinten heraus. Das Pferd richtet sich aus dem Widerrist heraus auf, seine Schritte werden kürzer und erhabener. Seine Balance verschiebt sich von der Schubkraft in Richtung der Tragkraft.
Anders jedoch als im versammelten Tempo Trab oder Galopp winkeln sich die Gelenke der Hinterhand in der Stützbeinphase im Tölt weniger stark und das Becken senkt sich nicht dauerhaft ab. Wenn man den Tölt sehr stark versammelt und vom Pferd verlangt, dass es im Tölt mit einem annähernd dauerhaft gesenkten Becken geht, läuft man Gefahr, den tölttypischen Bewegungsfluss zu verlieren. Die Bewegungen werden langsam, stockend und eventuell passig.
Für den Tölt ist eine höhere Form der Versammlung nicht gewinnbringend. Wichtig ist es jedoch, den Weg zur Versammlung verstanden zu haben, um im Tölt auf ein tragfähiges Arbeitsgleichgewicht hin arbeiten zu können. Versammelnde Lektionen wie Seitengänge im Tölt oder Halt-Paraden aus dem Tölt, fördern den Takt, den Ausdruck, den Muskelaufbau und die Tragfähigkeit. Sie korrigieren Pass- oder Trab-Verschiebungen, da das Pferd durch die versammelnde Einwirkung, das vermehrte Schließen, mehr Spannung im ganzen Körper aufnimmt und seine Hinterhand akzentuierter, dynamischer und mit mehr Tragkraft einsetzt.

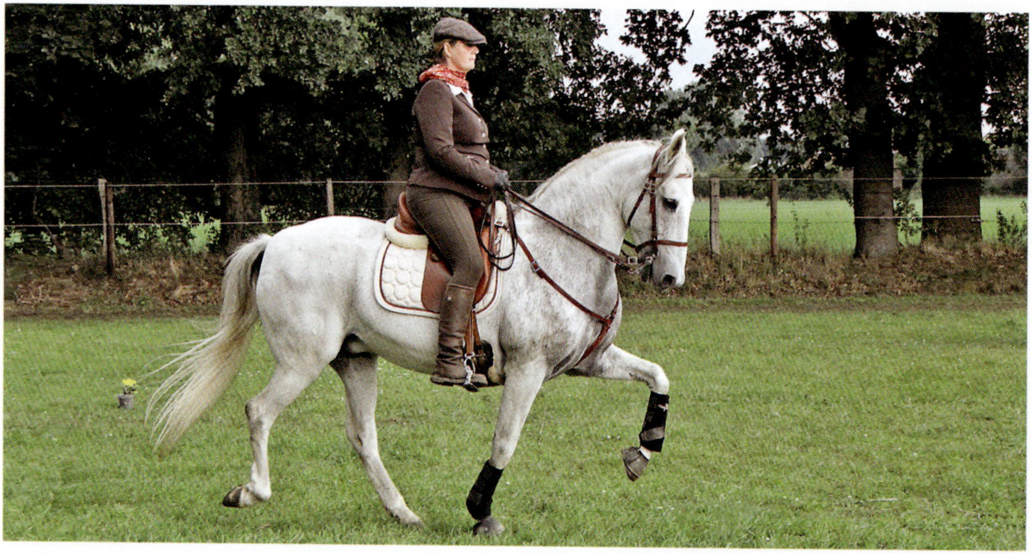

Auf dem Weg zur Versammlung im Tölt, Paso Iberoamericano Nuno.

Extra-Info: Untertreten und Versammlung sind zwei Paar Schuhe

Wichtig: Untertreten ist nicht das Gleiche wie Versammeln. Ein Pferd, das weit untertritt, setzt ein Hinterbein weit nach vorne unter den Körper. Gleichzeitig bleibt aber das andere Hinterbein weit hinter dem Pferdekörper zurück! Es hat viel Raumgriff und Schub. Ein Pferd, das sich versammelt, verringert Raumgriff und Schub. Seine Schritte werden kürzer. Stattdessen nimmt es aufgrund der vermehrten Winkelung der Hinterhand mehr Tragkraft auf. Die Hinterbeine bewegen sich körpernah; zumeist in einem Bereich zwischen Hüftlot und Sitzbeinhöcker.

4. Fragen zur Dressurarbeit mit Töltern

Wie viel Dressur braucht der Tölt?

Wie so vieles im Leben lässt sich auch diese Frage mit den Worten „Die Dosis macht das Gift" beantworten. Für mich bedeutet Dressurarbeit mit Töltern die Umsetzung einer gesunden Gymnastizierung, die dem Pferd hilft, den Reiter zu verstehen, die es tragfähig macht und gesund erhält. Insofern ist sie unerlässlich. Speziell für das Gangpferd trägt gute Dressurarbeit dazu bei, es harmonisch und stressfrei an die versammelnden Aspekte der Töltausbildung heranzuführen. Mit ihrer Hilfe können zudem Taktfehler korrigiert und Ausdruck und Bewegungen verbessert werden. Es muss aber auch bedacht werden, dass der Tölter an sich nicht für die Dressurarbeit gezüchtet wurde. Sein Gebäude ist zumeist auf Schubkraft, sein Temperament auf ein ausgeprägtes Vorwärts ausgelegt. Beides sind Eigenschaften, die dem so herrlichen Bewegungsfluss eines guten Tölters zuträglich sind. Sie sollten nicht gehemmt werden. Zu viel Arbeit in Schrittseitengängen, in Versammlung oder verkürzten Gangarten kann den Bewegungsfluss des Tölts ersticken oder sogar zu Pass-Tendenzen führen.

Wie wichtig ist der Schritt?

Der Schritt ist „die Mutter aller Gangarten" hat ein berühmter französischer Reitmeister gesagt. Der Schritt ist von Fuß- und Phasenfolge sehr nah mit dem Tölt verwandt und bedarf immer „guter Pflege".

Das gilt für jedes Pferd, aber für das Gangpferd gilt es ganz besonders. Die Faktoren, die beim Gangpferd für den begehrten Gang sorgen (Spannung, Frequenz, Aufrichtung), können auf der anderen Seite auch den Takt im Schritt „zerstören". Schritt und Tölt sind sehr „störanfällige" Gangarten. Taktprobleme im Schritt haben meist ihre Ursache in nicht abbaubaren psychischen oder physischen Spannungen (Unterkiefer, Genick, Hals, Rücken). Ein entspannter Schritt am langen Zügel sollte in jedem Moment der Ausbildung und des Reitens abfragbar sein. Er sagt sehr viel über den emotionalen Zustand des Pferdes aus.

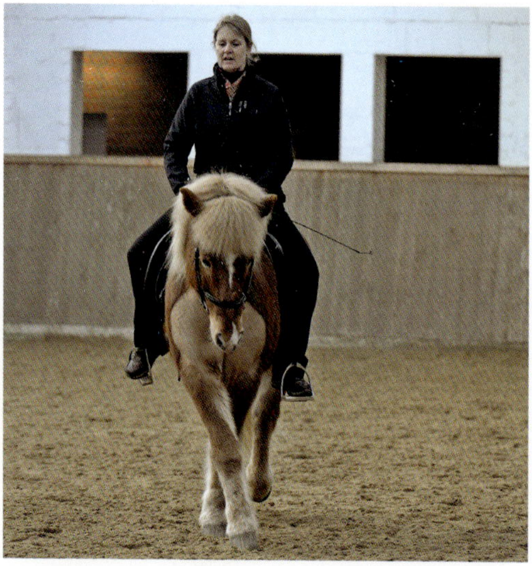

Der Schritt ist für die Gymnastizierung des Gangpferdes sehr wichtig. Islandpferd Fjórdungur

Zudem ist der Schritt häufig die Haupt-Gangart, um ein Gangpferd zu gymnastizieren. Nicht selten hat der Gangpferdereiter gar nicht die Möglichkeit, sein Pferd im Trab oder Galopp zu schulen. Daher muss er sich mehr an franco-iberischen Reitlehren orientieren und sein Pferd im Schritt gymnastisch schulen und muskulär aufbauen. Ruhige Schrittarbeit, Seitengänge, Dehnungshaltung in Maßen, sorgen dafür, dass die Ausbildung von Beginn an mehr auf eine Erhöhung der Tragkraft, denn der Schubkraft zielt. Die Ausführung von Seitengängen im Schritt sollten eine Mindestanforderung an ein Reitpferd sein.

Der Schritt hat außerdem seine besondere Bedeutung als vorbereitende Gangart für den gewünschten Viertakt. Erstes Spannung-Erhöhen, erstes Antölten, erstes Verschieben in den Walk oder Anreiten in den Fox Trot wird vorwiegend aus dem Schritt eingeleitet.

Zum Lösen des Pferderückens im Schritt kann man im fließenden Wechsel verschiedene Schritt-Varianten aneinanderreihen. Schritt wie Schreiten aus der Dressur, Schritte verlängern wie beim Wanderreiten oder Walken, Schritte verkürzen wie für das Antölten, Zeitlupen-Schritt-Reiten wie für Konzentration und Versammlung.

Gymnastizierung im Trab oder Tölt?

Wenn man durch die Gangveranlagung des Pferdes die Wahl hat, sollte man für die Gymnastizierung des Pferdes im mittleren Tempobereich den Trab nutzen. Durch die diagonale Beanspruchung der Muskulatur und die wechselseitige Beanspruchung von Bauch- und Rückenmuskulatur hat der Trab einen größeren gymnastischen Effekt als der Tölt. Die schnell wechselnden Stützphasen des Tölts und die hoch-frequente Ausführung der Bewegung können Biegungen oder die korrekte Ausführung der Seitengänge erschweren.

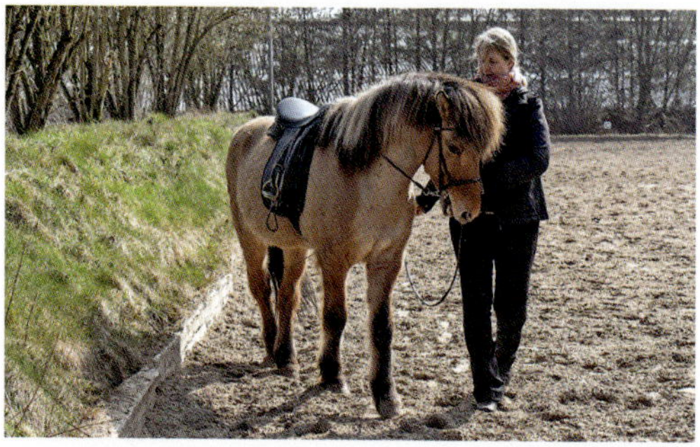

Arbeit an der Hand bereitet die gymnastzierende Arbeit unter dem Sattel vor und ergänzt sie. Islandpferd Dreyminn

Steht dem Pferd kein Trab zur Verfügung oder ist es so unsicher im Trab, dass jede Anfrage nach Stellung, Biegung oder vermehrter Hinterhandaktivität in Tölt umgesetzt wird, so sollte dieses Pferd im Tölt oder im rassetypischen Viertakt gymnastiziert werden. Häufig fällt es Gangpferden schwer, im Trab eine Losgelassenheit des Rückens zu erreichen und in eine Schwingung zu kommen. Es hängt stark von den individuellen Möglichkeiten des jeweiligen Pferdes und dem Geschick des Reiters ab, wie viel schwingenden Rücken er erreichen kann. In dem Zusammenhang muss man auch in Betracht ziehen, dass manches Pferd mit steigender Dehnung des Rückens die Sicherheit und Stabilität in der hochfrequenten Bewegung des Tölts zunehmend verlieren kann. Tölt und Trab werden dann schwerer zu unterscheiden und stellen höhere Anforderungen an den Reiter.

Eine schöne gymnastizierende Übung, die sowohl im Trab als auch im Tölt ausgeführt werden kann, ist das Reiten von „In die Ecke kehrt". Der Reiter reitet am zweiten Zirkelpunkt der langen Seite Richtung kurze Seite und wendet dort bei Erreichen in die Ecke hinein. Bei dieser Übung kommt der Reiter beim jeweiligen Abwenden in die Ecke hinein sehr gut zum Treiben und Biegen mit dem inneren Schenkel. Die äußere Reitbahn-Begrenzung hilft, den Weg und das Tempo einzugrenzen, ohne allzu viel Zügeleinwirkung notwendig zu machen. Die Pferde werden beim wiederholten Reiten sehr geschmeidig.

Wie unterscheidet das Pferd zwischen Trab und Tölt?

Damit das Pferd unterscheiden kann, ob es antraben oder antölten soll, sind die Vorbereitungen und der Reitersitz maßgeblich.

Hier sind einige Anregungen zum Auslösen des gewünschten Ganges. Schlussendlich ist es aber so individuell, dass man mich bitte nicht darauf festnageln möge. Beibringen kann man einem Pferd schlussendlich alles; auch dass es auf ein Ziehen am linken Ohr antöltet und am rechten Ohr antrabt.

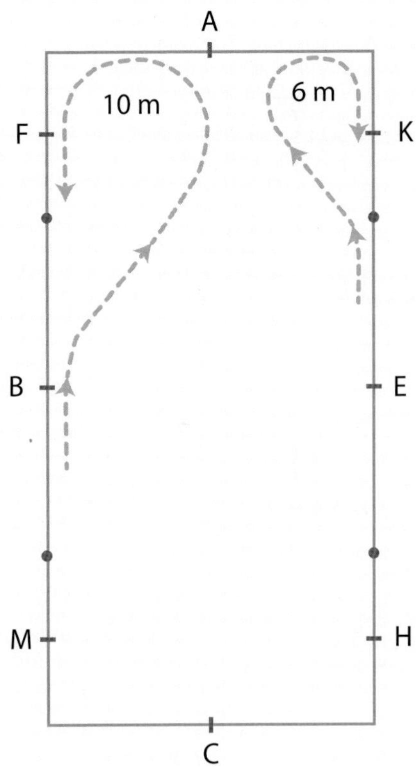

Das Reiten von „In die Ecke kehrt" im Tölt oder Trab macht die Pferde sehr geschmeidig.

Tölt: aus verkürztem Schritt, Aufrichtung, Körperspannung
Trab: aus schreitendem Schritt, gedehnter Oberlinie, Entspannung
Tölt: aus einer angedeuteten Biegung IM Geraderichten antölten
Trab: aus dem Geradeaus in eine Biegung antraben
Tölt: aufgestelltes Becken, die Links-Rechts-Bewegung forcieren
Trab: abgekipptes Becken, die Vor-Zurück-Bewegung forcieren
Tölt: vibrierender, impulshafter Schenkeldruck, einseitig
Trab: weich anliegender, mitschwingender Schenkeldruck, beidseitig
Tölt: im annehmenden Zügelmoment
Trab: im nachgebenden Zügelmoment
Tölt: Stimmhilfe motivierender Schnalzer
Trab: Stimmhilfe ruhiges Teeeerab

Wenn das Pferd Tölt bevorzugt und in der Ausbildung noch nicht so weit ist, kann es nötig sein, etwas weniger geschlossen anzutraben, weil der Trab sonst gar nicht kommt. Manche Naturtölter kommen über diese Phase des leichten Entlastens und Handvorgebens zum Traben zeitlebens nicht hinaus. Bei allen anderen sollte diese Phase aufgelöst werden, sobald die Gangtrennung Tölt-Trab funktioniert. Gymnastizierende oder versammelnde Arbeit im Trab ist dann möglich.

Eine Entwicklung bei einem viergängigen Gangpferd kann so aussehen:
Anfangs bestimmt das Tempo den Gang: langsames Tempo = Tölt, schnelleres Tempo: = Trab. Später bestimmt der Rahmen den Gang: verkürzter Rahmen = Tölt, gedehnter Rahmen = Trab. Beim ausgebildeten Pferd bestimmt dann nur noch der Reitersitz den Gang: Becken aufgerichtet, Bewegung links-rechts betont = Tölt, Becken abgekippt, weich vor-zurück-schwingend = Trab. Das Tempo und der Rahmen haben im fortgeschrittenen Ausbildungsstand keinen Einfluss mehr auf die Takt-Findung.

Extra-Info: Isländisch traben

Dieser Begriff hat zwei Bedeutungen. Zum einen beschreibt er eine inzwischen überholte Antrabhilfe: sich zum Antraben im Sattel nach vorne lehnen, die Zügel nachgeben und die Hand auf den Widerrist drücken. Das Pferd kippt „aus dem Gleichgewicht" auf die Vorhand und zieht sich darüber in den Trab hinein.

Zum anderen kann er sich auf den Sitz des Reiters im Trab beziehen: es ist quasi eine Mischung aus Aussitzen und Entlastungssitz, die gerne im über Tempo gerittenen Trab bei Ovalbahnprüfungen angewandt wird. Gerüchteweise soll es helfen, den Takt des Trabs zu stabilisieren.

Der Trab verschiebt sich in den Seitengängen ungewollt zum Tölt – was tun?

Häufig werde ich von ambitionierten Reitern, die ihre Gangpferde sowohl in Trab- als auch in Tölt-Seitengängen fördern möchten, gefragt, was sie tun können, wenn sich das Gangpferd bei Trab-Seitengängen in den Viertakt verschiebt. Hat ein Pferd viel Tölt-Veranlagung, kann es sehr schwierig sein, gleichmäßig zu traben. Stellung, Biegung oder Seitengänge bringen das Pferd leicht aus seiner für den Trab notwendigen Balance. Es droht dann die Gefahr, dass das Pferd in den Trabtölt oder Tölt wechselt. Häufig haben Gangpferde den Trab durch „Auseinanderfallen-Lassen" erlernt. Diese Pferde sind sehr schwierig in einem konstanten Rahmen und Anlehnung im Trab zu reiten – besonders wenn die Anforderungen in Biegungen und Seitengängen größer werden. Seitengänge im Trab sind nicht mit jedem Gangpferd leicht auszuführen. Das ist einerseits abhängig von der genetischen Gangverteilung des Pferdes und andererseits vom Geschick des Reiters. Durch die versammlungsfördernden Eigenschaften der Seitengänge kann es passieren, dass sich das Gangpferd im Trab zu sehr verkürzt, anspannt und in den Tölt wechselt. Daher muss der Reiter mit seinen Hilfen und seiner Spannungsgebung sehr geschickt einwirken, um den Trab-Takt zu halten.

Für einen sicheren Trab-Takt in stabiler Anlehnung ist es langfristig sinnvoll, wenn auch zeitweilig mit Taktwechseln behaftet, das Pferd, wenn es in den Seitengängen vom Trab in den Tölt wechselt, einfach im Tölt weiterzuarbeiten. Es ist wichtig mit den biegenden Hilfen dranzubleiben und nicht aus Sorge vor dem „Trab-Verlust" zum passiven „Passagier" zu werden, der nicht mehr einwirkt. Entweder nimmt das Pferd den Trab in den Seitengängen dann durch das Anbieten einer etwas tieferen Einstellung wieder an. Oder es hat zumindest im Tölt an Ausbildung und Gymnastizierung gewonnen. So erarbeitet man sich auf lange Sicht sowohl einen formbaren Trab als auch einen tragfähigen Tölt. Seitengänge im Trab werden meist erst dann stabil, wenn das Gangpferd in seiner Ausbildung weiter fortgeschritten ist, in sicherer Anlehnung und gradueller Versammlung in allen Gängen gehen kann. Wenn man es dann nämlich in den Seitengängen im Tölt zu sehr schließt, wechselt es in den Trab. Anders als zu Beginn seiner Ausbildung in den Seitengängen, setzt es die versammelnden Hilfen in eine vermehrte Aufspannung des Rückens und in kadenziertere, langsamere Bewegungen der Hinterhand bei mehr gebeugtem Sprunggelenk um. Gerade im Schulterherein fördert dies eine Diagonalisierung und damit den Trab.

MUSS mein Pferd traben?

Einige Trainingsansätze sehen vor, dass ein Pferd aus gymnastischen Gründen den Trab auf jeden Fall VOR dem Tölt erlernen MUSS. Hat ein Pferd jedoch von seiner genetischen Veranlagung her

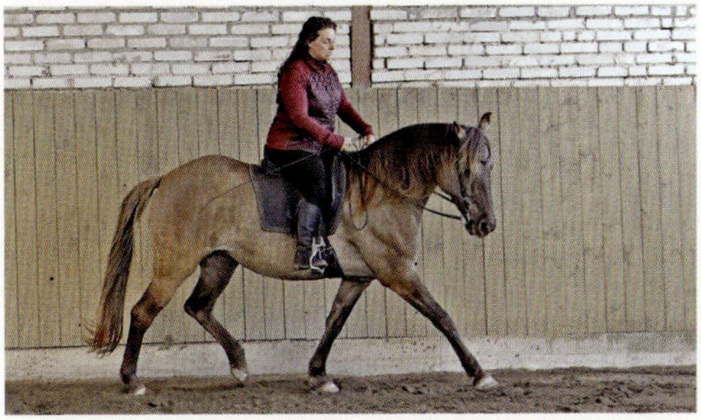

Ob ein Gangpferd traben MUSS, ist eine Frage der natürlichen Gangverteilung, des reiterlichen Vermögens und der persönlichen Einstellung. Kentucky Mountain Horse Honey mit Sabrina Scherweit

MEHR Tölt als Trab mitbekommen, ist es evtl. sogar ein sogenannter Naturtölter (siehe Kapitel „Ausbildung Naturtölter"), täte man dem Pferd damit keinen Gefallen. Es hat es sich ja nicht ausgesucht, dass es genetisch keinen oder kaum Trab mitbekommen hat. Durch ein insistierendes Verhindern des Tölts, wird so ein Pferd nicht nur einer ihm gemäßen, ersten Balance beraubt.
Es erfährt auch sehr viel Frustration und Demotivation, da es bei jedem falschen Schritt korrigiert wird. So ein Pferd muss im Schritt, im Walk, im Tölt oder Trabtölt und notfalls sogar im Passtölt gymnastisch gefördert und ins Gleichgewicht gebracht werden. Es darf nicht in einen Bewegungsablauf gezwungen werden, der seiner natürlichen Balance nicht entspricht. Ein solches Pferd muss in der Gangart ausgebildet werden, in der es natürlicherweise „zu Hause" ist. Der diagonale Zweitakt-Trab kann mit einer erreichten ersten Balance dann später dazugenommen werden.

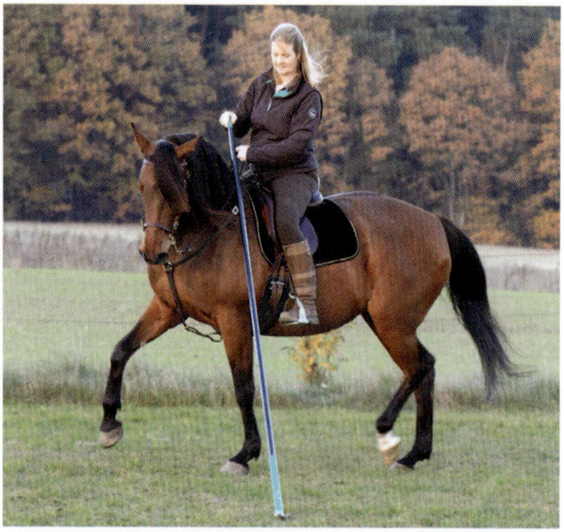

Ist das Pferd sicher im Trab, so können auch fortgeschrittene Lektionen und Show-Elemente die Gymnastizierung bereichern. Paso Iberoamericano Batisma

Einige Gangpferderassen werden ausdrücklich als Viergänger mit Tölt UND Trab gezüchtet und entsprechend ausgebildet, so z. B. das Islandpferd, der Aegidienberger, das American Saddlebred Horse, der Paso Iberoamericano, der Töltende Traber.
Habe ich als Ausbilder die Wahl, so bevorzuge ich es aus gymnastischen Gründen immer, wenn das Pferd im Trab geschult werden kann oder der Trab doch zumindest als Ausgleichstraining zum Tölt hinzugenommen werden kann.

DARF mein Pferd traben?

Einige Reiter und Trainer haben die Sorge, dass Pferde den Tölt „verlieren" oder die Tölt-Ausbildung sehr schwierig wird, wenn man den Pferden „erlaubt" zu traben. Da der Tölt genetisch fixiert ist, kann eine Tölt-Veranlagung nicht „verloren gehen". Wenn der Trab jedoch vor der Tölt-Ausbildung sehr weit gefördert wird, z. B. Richtung Versammlung und verkürzte Tritte, dann kann die daran anschließende Tölt-Ausbildung beim Pferd zu Verwechslungen und Schwierigkeiten beim Eintölten führen (mehr dazu im Kapitel „Eintölten").
Es gibt einige Gangpferderassen, bei denen im Zuchtstandard der Trab gar nicht vorgesehen ist. Diese Pferde sollen im mittleren Tempobereich nur ihren rassetypischen Viertakt gehen. Dazu zählen z. B. die Rocky und Kentucky Mountain Horses, die Paso Peruanos, die Mangalarga Marchadores, die Tennessee Walker und einige mehr. Nichtsdestotrotz verfügen auch diese Pferderassen oft trotzdem über Trab. Es ist Ansichtssache je nach Trainer oder Traditionsbewusstsein, ob man diesen Pferden das Traben generell verbietet oder ob man es zulässt oder gar nutzt.
Der Trab kann der Tölt-Ausbildung zuträglich sein, wenn er zu mehr Kraft, Hilfenverständnis

und gradueller Versammlungsfähigkeit führt. Sein Vorteil sind die diagonalen Vorführphasen, die der Gymnastizierung und damit dem Schwung und der Tragfähigkeit des Rückens dienlich sind. Die Nachteile einer Förderung dieser Pferderassen im Trab sind, dass das Pferd im mittleren Tempobereich zwei Gangarten „zur Auswahl" bekommt, die der Reiter „schalten" und auch sitzen können muss. Das macht die Reiterei anspruchsvoller in Sitz, Koordination und dem Willen, sich mit den Viertakt-Gangarten auseinanderzusetzen.

Wenn man weder auf die gymnastizierende Qualität des Trabs, noch auf einen sehr sicheren Viertakt verzichten möchte, kann man dem Pferd am Boden ohne Reiter den Trab „erlauben", um seine gymnastizierende Wirkung zu nutzen. Und unter dem Sattel mit Reiter ausschließlich den Tölt zulassen. Das ist ein Kompromiss, den ein Pferd gut unterscheiden kann und der beiden Einstellungen gerecht wird.

Welche Bedeutung hat der Galopp für den Tölt?

Der Galopp hat eine große Bedeutung als Rückengymnastik für das Pferd: das Aufwölben und wieder Strecken fördert eine Beweglichkeit vom Becken zur Wirbelsäule und lockert damit recht gut den Rücken und die Lende. Da sich das Pferd beim Galoppieren aus der Hinterhand heraus deutlich abdrücken muss, fördert gerade das Angaloppieren aus langsamer Gangart die Kraft der Hinterhand. Von Bedeutung ist auch die Atmung im Galopp: Durch das Pendeln des Zwerchfells muss das Pferd bei jedem Galoppsprung zwangsläufig einmal ein- und ausatmen. Gerade im Tölt, wo das Pferd mit einer hohen Körperspannung arbeitet, atmen die Pferde häufig flach, unregelmäßig oder stoßhaft. Der Galopp kann beim Erlernen einer gleichmäßigen Atmung für den Tölt hilfreich sein. Vielen Pferden mit Tölt-Veranlagung fällt das Galoppieren jedoch schwer. Der typische Galopp

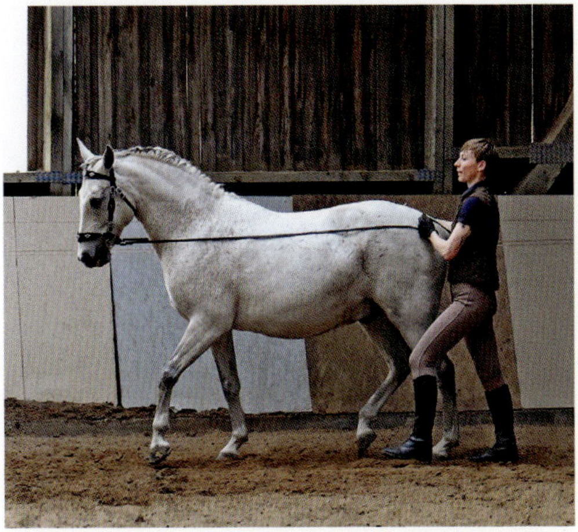

Fortgeschrittene Schulung des Trabs am Langen Zügel. Mangalarga Marchador Darino mit Carla Geyer

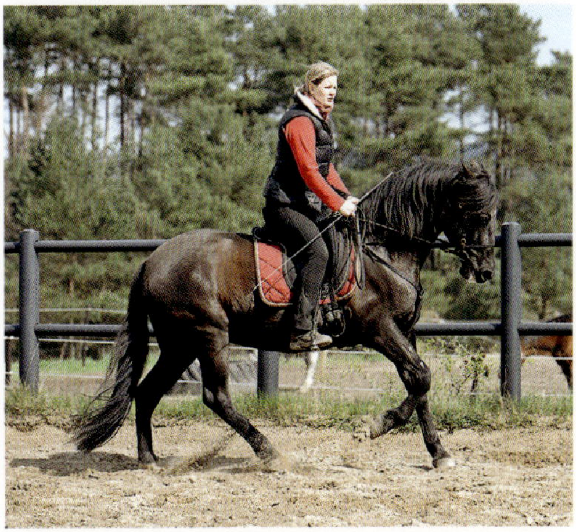

Wenn das Gangpferd einen entspannten, sicheren Galopp beherrscht, ist er eine willkommene gymnastische Ergänzung zum Tölt. Paso Iberoamericano Doresa

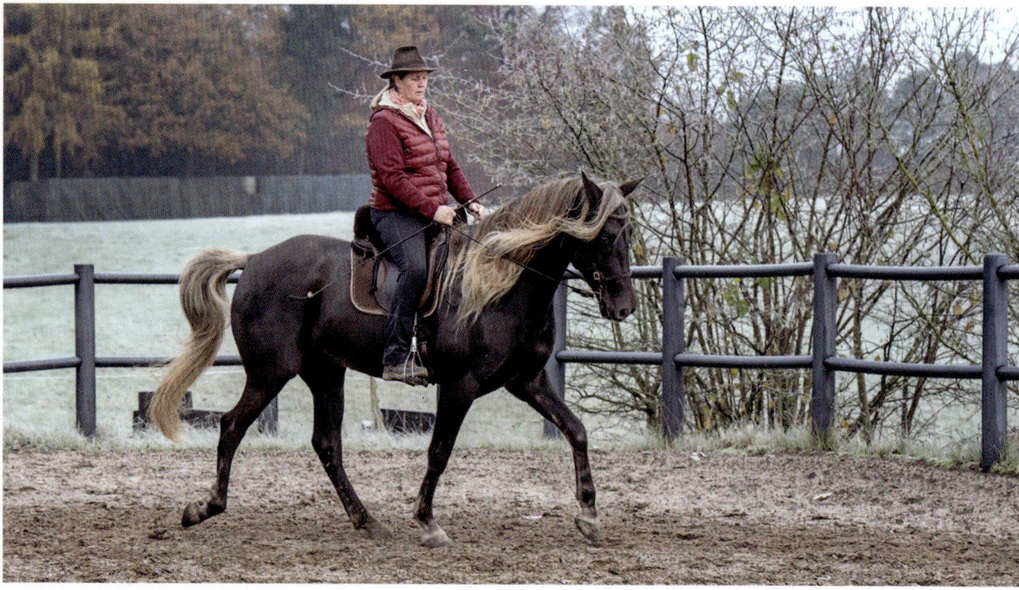

Gymnastizierung im Tölt befähigt das Pferd zur gesunden Bewegung im Viertakt, Rocky Mountain Horse Roaming Eddy, Foto: Karen Diehn

eines Pferdes mit Tölt-Veranlagung ist ein Vierschlag-Galopp. Es gibt ihn als „gelaufenen Galopp" und in Form eines Passgalopps. Häufig ist der Galopp flach und ohne Durchsprung. Manche Gangpferde finden gar nicht in den Galopp hinein. Es hängt von der Qualität des Galopps ab, ob er für den Tölt einen gymnastizierenden Nutzen im Sinne von Rückenaufwölben und Hinterhandkräftigen bringen kann.

Das Reiten von Übergängen Tölt-Galopp-Tölt kann helfen, das Pferd zum Tölten etwas „anzuschalten" und den Tölt agiler und ausdrucksvoller zu gestalten.

5. Gymnastizierung im Tölt

Die Gymnastizierung des Pferdes im Schritt, Trab und Galopp, baut Muskulatur und tragfähige Strukturen auf. Die Grundgangarten sollten immer wieder als Ausgleichsgymnastik für den Tölter eingesetzt werden. Um aber den Pferderücken auch im Tölt selber tragfähig zu machen und gesund zu erhalten, müssen das Hilfenverständnis und die Koordination in unterschiedlichen Rahmen aus den Grundgangarten in den Tölt übertragen werden. Einige Lektionen, die sich bewährt haben, werden hier beschrieben.

Das Reiten mit Stellung

Das Pferd sollte verstanden haben, auf eine seitwärtsweisende Einwirkung an der gebisslosen Zäumung bzw. eine Einwirkung am Gebiss auf

Um das Pferd im Tölt zu lockern und sowohl Pass- wie Trabverschiebungen vorzubeugen, kann man im Wechsel mit Innenstellung und Konterstellung reiten, z. B. kurze Seite Innenstellung, lange Seite Außenstellung.

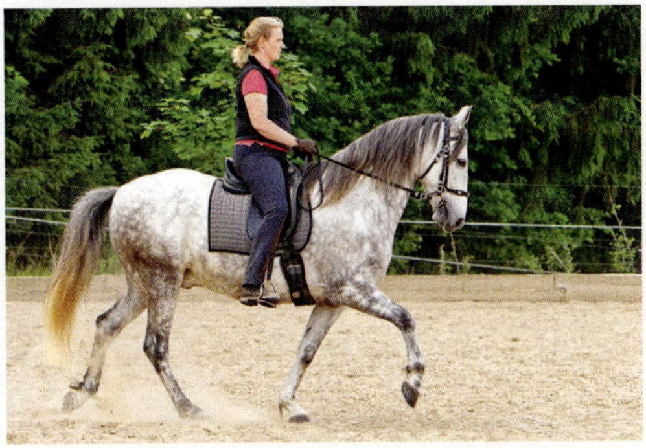

Anfangs wird das Pferd auf Zirkeln, später auch auf Volten im Tölt gymnastiziert. Paso Iberoamericano Nuno

die Maulspalte, sein Genick seitlich zu geben. An der Stellung beteiligt sind das erste und zweite Gelenk der Halswirbelsäule. Es ist nur eine sehr kleine Bewegung, bei der der Reiter maximal das innere Auge schimmern sieht.
Die Leichtigkeit im Genick hat eine große Auswirkung auf den Takt im Tölt. Hier setzen eine ganze Reihe von Strukturen an, die verantwortlich für den Bewegungsfluss durch den ganzen Körper sind. Wenn das Genick des Pferdes beweglich wie ein „Kugellager" ist, kann vielen Verspannungen und Takt-Unreinheiten vorgebeugt werden.

Biegungen

Das Reiten von Biegungen aller Art führt im Tölt, wie in allen anderen Gangarten, dazu, dass das Pferd seine äußere Körperseite dehnt und seine Zwischenrippenmuskulatur lockert. Dies sind die Voraussetzungen, um überhaupt mit dem Schenkel eine Kontraktion der Bauchmuskulatur auslösen zu können und zu einer guten Rückentätigkeit zu kommen.
Am Anfang der Ausbildung sollten Biegungen im Tölt nur auf großen Linien, wie Zirkel und einfache Schlangenlinien, geritten werden. Erst später können auch Volten und engere Biegungen dazukommen. Besonders nutzbringend sind wiederholte Handwechsel in Form von kleinen und größeren Achten. Eine Besonderheit beim Reiten von Biegungen im Tölt ist, dass das äußere Beinpaar einen um die Breite des Pferdes längeren Weg als das innere hat.
Um keine Galopprolle zu provozieren, muss das innere Beinpaar lernen, in der lateralen Zweibeinstütze weniger weit vorzugreifen, als das äußere Beinpaar. Das kann durch gut abgestimmtes Training immer kleiner werdender Volten erreicht werden. Der Reiter muss das Pferd außerdem dahingehend unterstützen, dass er keinesfalls in die Rolle „mit hineinschwingt"; er muss seine Beckenbewegung also etwas festhalten.

Um die Pferde im Tölt geschmeidig zu machen und allmählich an Verkürzung und mehr Lastaufnahme heranzuführen, kann man die Übung „Zirkel verkleinern und vergrößern" reiten. Dazu im Tölt einen Zirkel von 20 Meter Durchmesser schneckenförmig bis auf acht Meter verkleinern und danach wieder vergrößern. Hierbei ist das Beibehalten einer reellen Biegung im passenden Tempo entscheidend für den Nutzen.

Schenkelweichen und Seitwärts-Übertreten

Schenkelweichen ist nicht nur eine Übung, um dem Pferd, den seitwärts-treibenden Schenkel zu erklären. Es kann durch das Kreuzen der Vor- und Hinterbeine auch zu einer guten Dehnung und Geschmeidigkeit dieser Struktu-

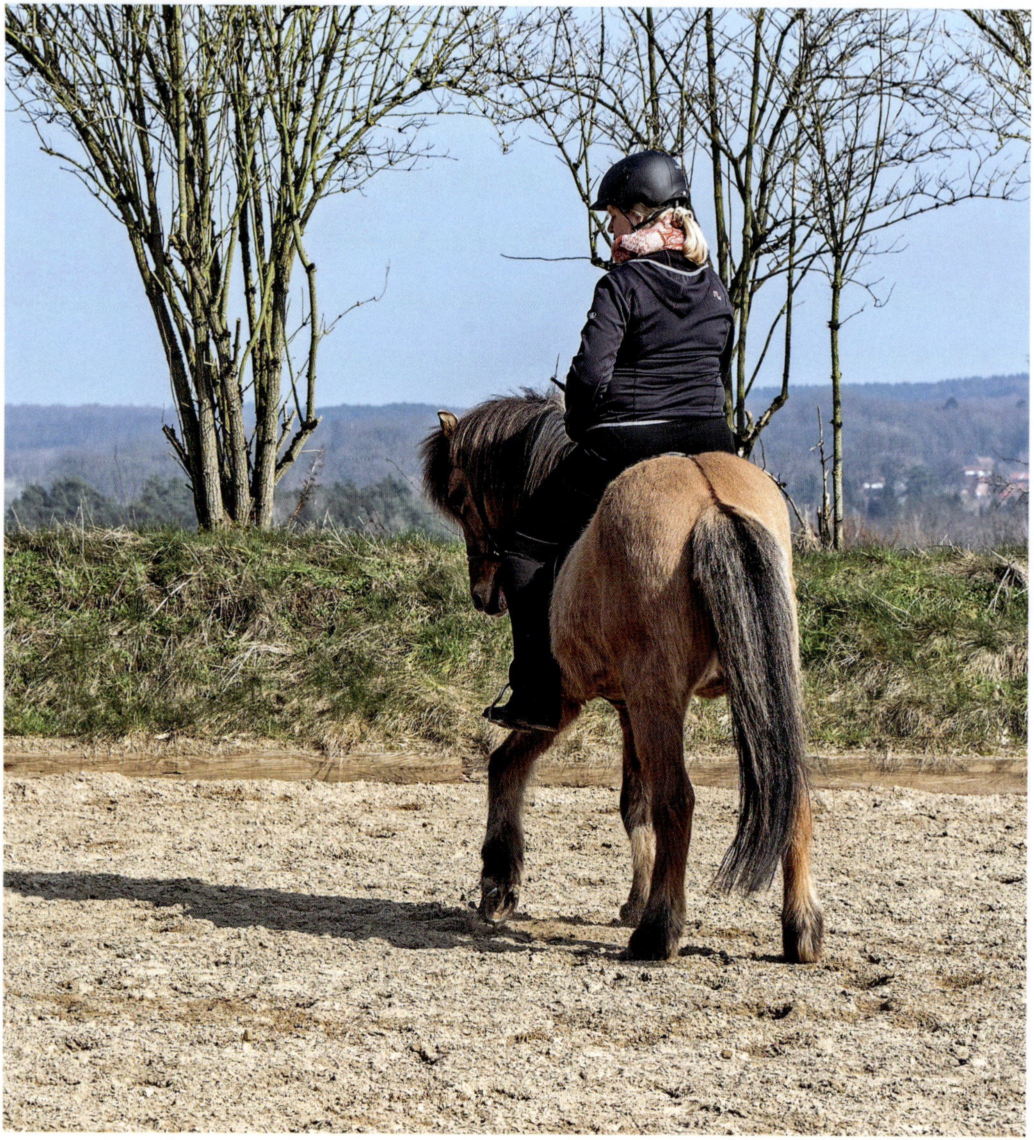

Travers im Schritt bereitet das Pferd auf das Antölten vor. Islandpferd Dreyminn

> Um das Pferd im Gelände im Tölt aufmerksam und durchlässig zu halten, kann man es im Schenkelweichen von Wegesrand zu Wegesrand verschieben.

ren führen. In Form von Seitwärts-Übertreten kann es auch auf Zirkellinien ausgeführt werden. Dies erhöht die Beweglichkeit in Lende und Becken des Pferdes sehr. Mit geringer Abstellung ausgeführt hilft es, Passverschiebungen im Tölt aufzulösen.

Seitengänge

Seitengänge sind DAS Mittel schlechthin, um Pferde tragfähig zu machen und gesund zu erhalten. Sie dienen zum Geraderichten des Pferdes und zur Verbesserung der Beugefähigkeit und Tragkraft der Hinterhand. Sie führen zu einer beweglichen, gut kontrollierbaren Schulter und fördern die Durchlässigkeit und Konzentration des Pferdes. Zu den Seitengängen zählen Schulterherein, Kruppeherein (Travers), Konterschulterherein, Renvers und Traversalen. Das Beherrschen der Seitengänge im Schritt ist eine Mindestanforderung an ein Pferd. Sie sind die Voraussetzung um jede weitere Gangart in eine tragfähige Form zu bringen und zu fördern.

Sämtliche Seitengänge können auch im Tölt geritten werden. Wegen der erhöhten Schrittfrequenz und Körperspannung sind sie im Tölt jedoch etwas schwieriger auszuführen, als in den Grundgangarten dreigängiger Pferde.

Ein Pferd, das Seitengänge im Tölt ausführen kann, gewinnt nicht nur an Tragkraft, sondern auch an Ausdruckskraft.

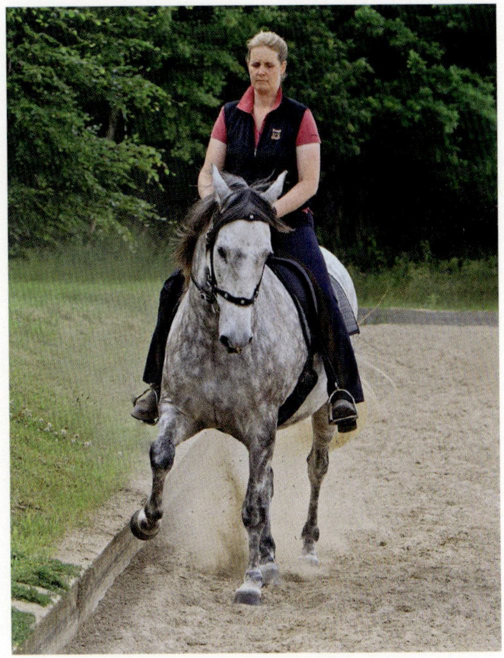

Travers im Tölt hilft das Pferd mehr zu schließen und Trabverschiebungen aufzulösen. Paso Iberoamericano Nuno

> Neben den positiven gymnastizierenden und geraderichtenden Eigenschaften der Seitengänge, können sie beim Gangpferd insbesondere für die Korrektur von Taktverschiebungen genutzt werden: Schulterherein hilft, um Passverschiebungen im Tölt aufzulösen. Es verbessert die Schulterfreiheit des Pferdes, so dass die Vorhand NACH der gleichseitigen Hinterhand aufgesetzt werden muss. Kruppeherein hilft, Trabverschiebungen im Tölt zu vermeiden. Es hat vermehrt versammelnden Charakter und hilft, die Pferde in eine geschlossenere Form und positive Körperspannung zu bringen.

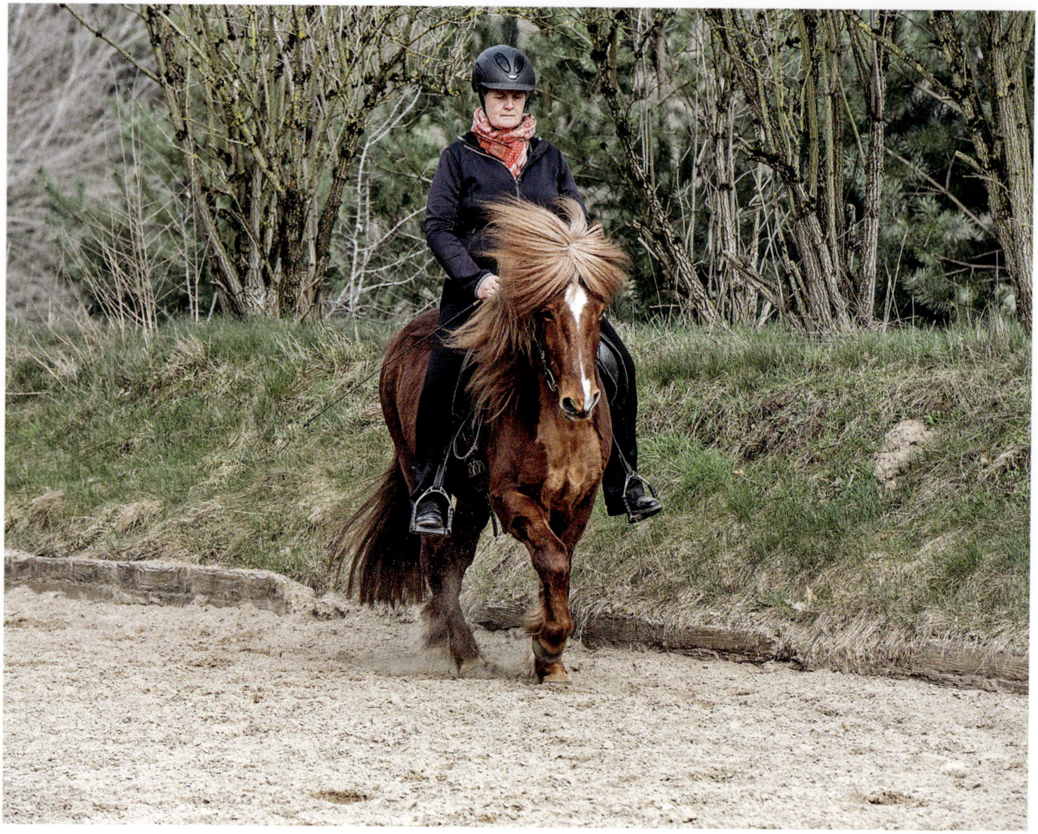

Schulterherein im Tölt kann eingesetzt werden, um Passverschiebungen zu vermeiden. Islandpferd Narri

Extra-Info: Wenn Seitengänge den rassetypischen Gang „auslöschen"

Die versammelnde Wirkung der Seitengänge kann im Viertakt auch zum Verlust einer rassetypischen Gangart führen. Setzt sich ein Tennessee Walker durch Seitengänge im Walk zu sehr, wird er in den Rack wechseln. Wird der Missouri Fox Trotter im Fox Trot zu stark versammelt, wird er den Fox Trot zum Single Foot auflösen. Ist dies gewünscht, kann man auf diese Weise beim „Eintölten" vorgehen. Soll der rassetypische Viertakt beibehalten werden, müssen Seitengänge in längerem Rahmen und mit weniger Biegung umgesetzt werden.

Übergänge

Das Reiten von Übergängen ist neben den Seitengängen eines der besten Mittel Durchlässigkeit und Anlehnung herzustellen und Versammlung vorzubereiten. Da es jedoch nicht jedem Gangpferd leichtfällt, überhaupt erstmal einen Takt zu halten, werden Übergänge manchmal etwas vernachlässigt. Der Gangpferdereiter ist zuweilen etwas „gehemmt", den einmal gefundenen Gang wieder zu „unterbrechen". Übergänge innerhalb der einzelnen Gangarten, also Tempounterschiede, sind ab einem gewissen Ausbildungsstand sehr gut zu erarbeiten. Dabei muss man berücksichtigen, dass jedes Gangpferd zu Beginn seiner Ausbildung ein bestimmtes Tempo für einen bestimmten Gang bevorzugt. z. B. etwas langsamer für Tölt, etwas schneller für Trab. Insofern braucht es eine Weile, bis Tempounterschiede im Tölt so geritten werden können, dass sie zu einer schönen Anlehnung beitragen. Wichtig: Der Fokus beim Reiten von Übergängen sollte auf der Harmonie in der Ausführung liegen, d. h. der Übergang gelingt ohne Takteinbußen, ohne Verlust von Anlehnung, Balance oder Körperausdruck. Schritt-Tölt-Schritt wie auch Kombinationen mit Halt und Rückwärtsrichten wirken stark verkürzend und können das Antölten vorbereiten oder den Tölt graduell versammeln. Übergänge vom Tölt zum Trab können zu sehr spektakulären Trabbewegungen führen, da das Pferd aus der Anspannung des Töltens in die gedehntere Balance des Trabes entlassen wird. Übergänge vom Trab zum Tölt hingegen sind bei den meisten Gangverteilungen nicht sehr harmonisch zu reiten, sie bergen die Gefahr zu starker Handeinwirkung und tragen damit nicht zu einer vertrauensvollen Anlehnung bei. Übergänge vom Galopp in den Tölt können helfen, den Tölt ausdrucksvoller und energischer

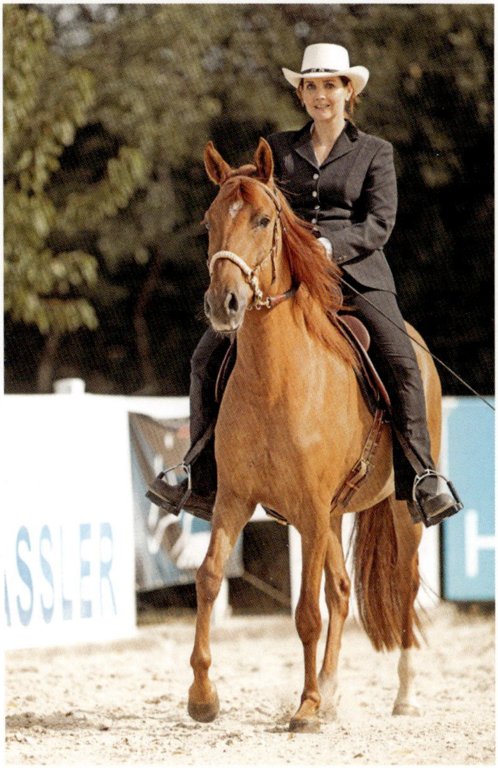

Übergänge Schritt-Tölt-Schritt-Tölt verbessern den Takt und machen die Pferde sehr durchlässig. Paso Fino Diego mit Yvi Tschischka

Um die Durchlässigkeit und Hilfenannahme zu verbessern, kann man im Tölt „unsichtbare Tempowechsel" reiten. Man fordert das Pferd über ein vermehrtes Mitgehen im Becken zum Zulegen auf. Und sobald man merkt, dass das Pferd die Hilfe annimmt, nimmt man es über ein aufgestellteres Becken schon wieder zurück.

zu machen. Zu oft geritten, bergen sie allerdings die Gefahr einer Galopprolle im Viertakt. Übergänge vom Tölt in den Galopp fallen manchen Pferden leicht – zum Beispiel über das Provozieren eben dieser Galopprolle. Anderen fallen sie schwer, weil sie von einem Gang ohne Sprungphase (Tölt) in einen Gang mit Sprungphase (Galopp) wechseln sollen.

Rahmenvariationen

Hat ein Pferd stark ausgeprägte Tölt-Veranlagung oder ist es sehr sicher im Tölt, kann es bei fortgeschrittener Ausbildung auch im Tölt für kurze Strecken in einem gedehnten Rahmen geritten werden. Dabei ist es nicht wichtig, das Pferd in eine sehr tiefe Dehnung zu schicken oder für lange Strecken in Dehnungshaltung zu verbleiben. Gymnastisch wertvoll ist allein die Bereitschaft, der nachgebenden Hand zu folgen, den Hals teleskopartig zu verlängern und die Ganasche zu öffnen. (Siehe auch Kapitel „Dehnungshaltung") Rahmenvariationen im Tölt sind nicht mit allen Pferden möglich: Bei einem Pferd mit Pass-Veranlagung kann eine Rahmenerweiterung im Tölt auch zu Vorderlastigkeit und Spannungsverlust und damit zu einem Taktverlust in Richtung Pass führen. Komplizierend kann hinzukommen, dass viele Pferde, die z. B. viergängig, also mit Tölt UND Trab geritten werden, gelernt haben, auf eine tiefere Einstellung und eine Vergrößerung des Rahmens mit einem Wechsel von Tölt zu Trab zu reagieren.

Im Tölt das Pferd wie ein Jo-Jo arbeiten, d. h. fließende Wechsel von viel Spannung zu wenig Spannung reiten: Das Pferd wird ganz allmählich und ohne Takt und Tempoänderung von Arbeitstempo Tölt in Aufrichtung und gradueller Versammlung ins horizontale Gleichgewicht gebracht und danach in eine minimale Dehnung. In jeder Stufe dieser Rahmenveränderung sollte das Pferd auf Wunsch des Reiters länger oder kürzer verbleiben können oder wieder in die nächst höhere oder tiefere Stufe variiert werden können – wie ein Jo-Jo.

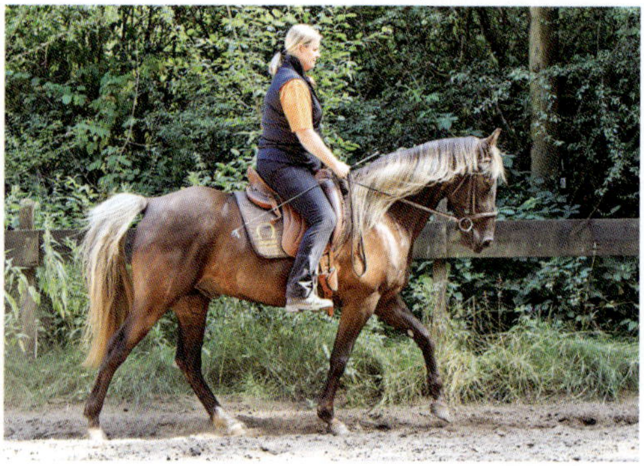

Rahmenvariation im Tölt, z. B. als Wechsel zwischen horizontalem Gleichgewicht und versammelterem Gleichgewicht. Rocky Mountain Horse Stardust

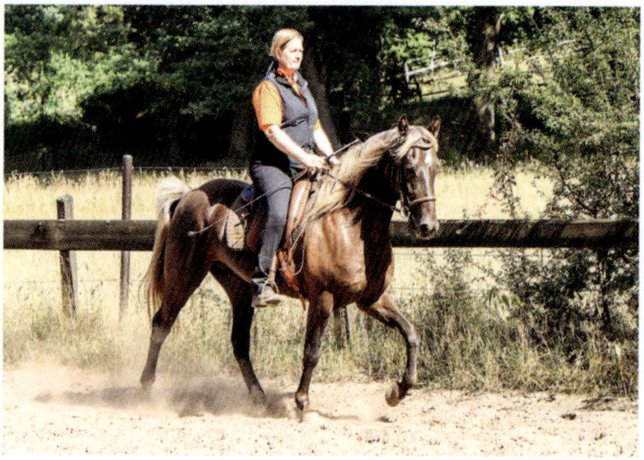

Rahmenvariation: gleiches Pferd, gleicher Tag, versammelteres Gleichgewicht. Rocky Mountain Horse Stardust

Nachwort

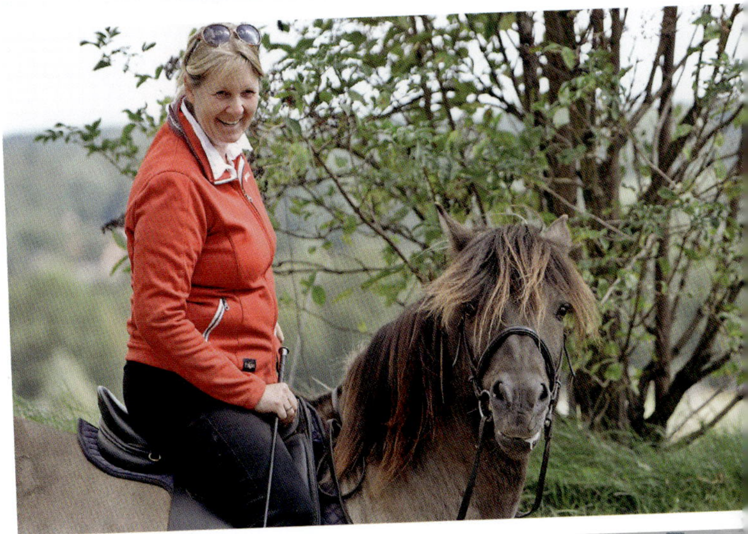

Auch nach so vielen Jahren im Tölt, merke ich täglich wieder, dass man ihn nie „fertig verstanden" hat (und dass man ja ohnehin als Pferdemensch nie ausgelernt hat). Während des Schreibprozesses zu diesem Buch habe ich zeitgleich weiterhin Schüler unterrichtet und Berittpferde ausgebildet. Und bei jedem neuen Pferd und jedem neuen Tag durfte ich wieder neu nachdenken, mich wieder neu einfühlen. Die Faszination des Töltens liegt ja nicht nur im bequemen dynamischen Dahingleiten. Ein guter Teil der Freude liegt auch in dem „Weg dorthin". Es ist eine große Bereicherung, sich mit seinem Pferd in der Herstellung der passenden Balance immer besser abzustimmen, immer weniger Hilfen zu benötigen, immer längere Töltstrecken taktklar zu reiten, immer mehr Kraft im Pferd zu spüren. Als Tölt-Reiter muss man Freude am Weg haben – dann ist das Ziel erreichbar. Wenn ich also mit diesem Buch ein wenig dazu beitragen konnte, den Tölt besser zu verstehen und ihn damit besser zu reiten, würde ich mich sehr freuen.

In diesem Sinne:
Auf geht's! Viel Spaß beim Tölten!

Danke

So ein Buch entsteht natürlich nicht ohne die Unterstützung etlicher guter Geister:
Ich möchte mich bei Uta Over und Claudia König bedanken, die mich überhaupt erst auf den Weg zu einem weiteren Buch zum Thema Tölt gebracht haben.
Wenn ich den Nagel auf den Kopf getroffen haben sollte, so ist das auch zu einem guten Teil Karen Diehn zu verdanken. Karen weiß immer genau, wo den Tölt-Reiter der Schuh drückt und hat sich an vielen Stellen für dieses Buch eingebracht. Danke, Karen!
Bei Antje Sievert möchte ich mich nicht nur für all die treffenden Fragen zum Thema Tölt bedanken, sondern auch für den wunderbaren Gnarr frá Midhrauni, unser Cover-Model.
Gute Gespräche und wichtigen Austausch verdanke ich meinen geschätzten Kollegen Maren Schulze, Ellen und Stephan Vierhaus, Sarah Seifert und Michael Thode. Ihr seid eine große Bereicherung!
Viele Pferde verschönern meinen Weg und mein Leben. Ich kann nicht alle erwähnen, von denen ich im Laufe der Jahre lernen durfte. Aber ich möchte gerne diejenigen namentlich ehren, die einen aktiven Beitrag zu den Ausführungen dieses Buches geleistet haben: Alsvinur, Elsa, Fjórdungur, Fontur, Genio, Heroi, Honey, Hvina, Jane, Jojo, Mimosa, Narri, Novidade, Nuno, Pfernett, Retama, Staccato und Stardust.
Mein allergrößter Dank aber geht an den besten Mann von Allen: von der Versorgung mit modernster highend IT-Arbeitsumgebung, über akribisches Gegenlesen und Glattbügeln kleinerer Panik-Attacken bis Foto-Sessions auf den letzten Drücker und klagloses Pferdeäppelsammeln und Heu-Einstapeln –
Du bist unschlagbar! Danke, Thorsten!

Anlässlich der 2. Auflage dieses Buches möchte ich mich gerne für all das positive Feedback und die konkreten Rückmeldungen zu meinem Buch bei meinen Leserinnen und Lesern bedanken.
Es ist mir eine große Freude, wenn ich hören (und lesen) darf, dass mein Buch bei Euch einen ganz praktischen Nutzen findet und Ihr es immer mal wieder zur Hand nehmt, um etwas nachzulesen.
Danke, das ist großes Autoren-Glück!

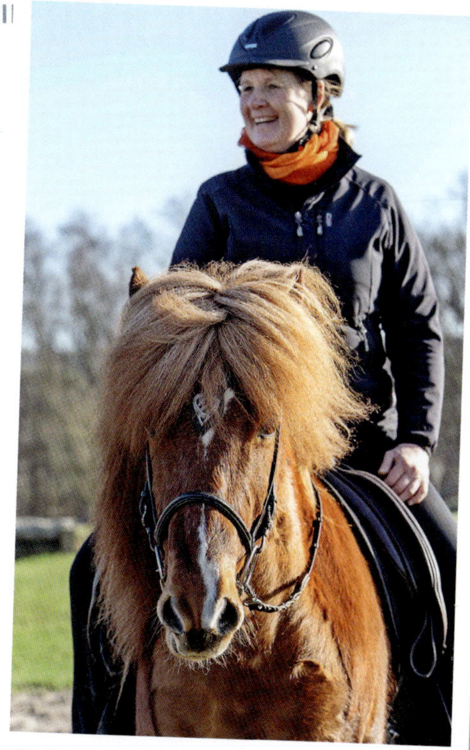

AUTORENPORTRAIT
Kaja Stührenberg

Mittlerweile bin ich seit über 40 Jahren den Gangpferden treu und durfte Erfahrungen in allen Tölt-Varianten sammeln. Ich bin mit Islandpferden aufgewachsen und habe mich schon frühzeitig für andere Gangpferderassen interessiert. Über die südamerikanischen Gangpferde hat sich mein Blick auf ihre Wurzeln, die iberischen Pferde, gerichtet.
Von dort lag der Weg zu Gymnastizierung im klassisch-barocken Sinne und der angewandten Reiterei in Form von Working Equitation nahe.

Ich bin unter anderem FN Trainerin B für Islandpferde und FN Trainerin A für Gangpferde. Als Historikerin M.A. fühle ich mich zudem der schreibenden Zunft verbunden und veröffentliche neben Büchern regelmäßig Artikel in verschiedenen Pferde-Fachmagazinen.
Ich lebe mit meinem Mann und meinen Pferden in der Lüneburger Heide.

Mehr über mich: www.kajastuehrenberg.de

Pferdeglück

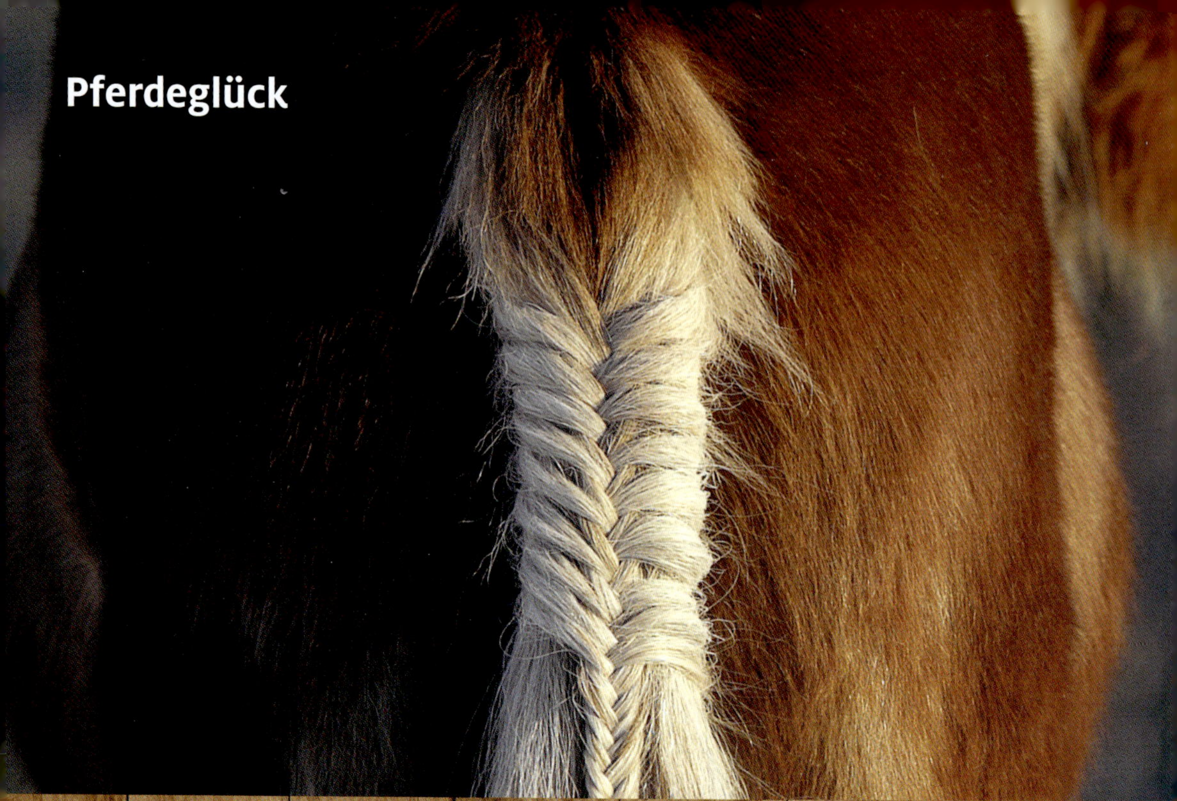

Pferdewissen

Zur richtigen Fürsorge für unsere liebsten Vierbeiner gehört auch die richtige Lektüre: in Cavallo steht alles, was die Pferdehaltung besser macht – und die Pferdeliebe intensiver.

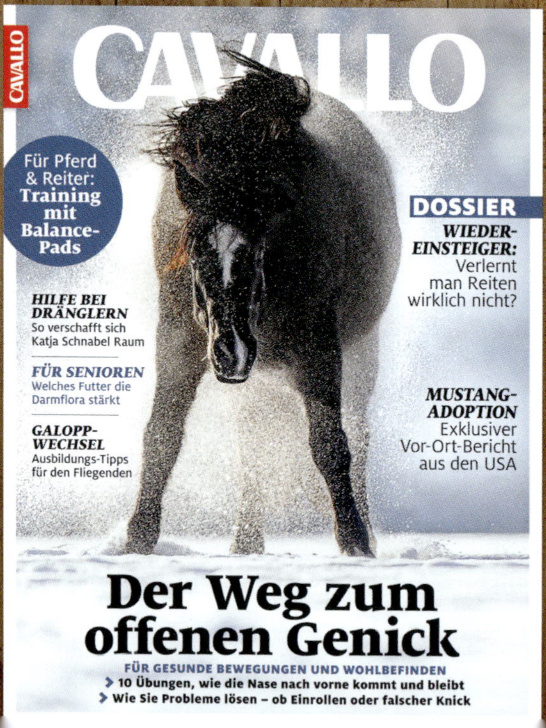

Jeden Monat am Kios
oder am besten gleic
im Abo.

Web: www.cavallo.de
Telefon: 0781 6396659
E-Mail: cavallo@burdadirect.c